U0809475

教育部高校思想政治工作精品项目
高校“一站式”学生社区风采展示
浙江旅游职业学院“三全育人”综合改革成果系列丛书

阳光满园

优秀辅导员工作案例选编

主　编◎徐初娜　金蓓蕾　徐　敏

中国旅游出版社

本书编委会

编委会主任

徐初娜　金蓓蕾　徐　敏

编委会委员（排名不分先后）

俞丹茗　谢振旺　陈方方　葛丽敏　刘　颖

陈卓平　吴佳佳　徐　洁　张建华　陈雪琪

杨　婷　俞莹莹　蒋杭玲　姚镭栓　马庆楠

张晓侠　李希哲　周永青　邵凌云　陈莹莹

吴　珊

前　言

百年大计，教育为本；教育大计，立德为本。落实立德树人根本任务的关键是要形成全员、全过程、全方位育人的管理机制和合力举措。高校“三全育人”综合改革作为落实新时代党的教育方针的有力抓手，体现了政治高度、教育广度和改革深度。浙江旅游职业学院作为全国唯一的文化和旅游部与浙江省人民政府共建的高等旅游职业院校，致力打造旅游职业教育“中国品牌”和“中国服务”人才培养的摇篮。学校以习近平新时代中国特色社会主义思想为指导，坚持社会主义办学方向，落实立德树人根本任务，扎实构建了先锋领航、四融并进、以文化人、数字赋能“四维合一”的“三全育人”模式，德智体美劳五育并举成效显著。学校获评全国黄炎培职业教育优秀学校奖、全国党建工作样板支部 2 个、全国高职院校首批“育人成效 50 强”、全国学生发展指数优秀学校、国家课程思政示范课程 2 门、教育部首批教育信息化试点优秀单位、教育部“一站式”学生综合管理模式建设试点单位、全国国防教育特色校、世界职业院校与技术大学联盟（WFCP)“学生支持服务卓越奖”，是浙江省职业教育“三全育人”典型学校、省首批高校智慧思政特色应用试点校、首批省级课程思政示范校、省 5A 等级平安校园、省高校示范性创业学院。

苏霍姆林斯基说:“教育的终极目的应该是向人传送生命的气息。”浙江旅游职业学院在遵循和总结当代大学生成长规律的基础上，靶向定位、精准施策，深入推进全面关注学生成长的“阳光工程”，着力打造“坐标、修身、明德、实践、励志、启航”六大计划，致力于增强职业教育适应性，加快推进职业教育高质量发展。浙江旅游职业学院《以“精准思政”为理念，创建“一站式”学生成长智慧社区》获得教育部高校思政精品项目立项；学校“三全育人”建设成果入选教育部职业院校“三全育人”典型案例（全国仅24例）；《弘扬劳动精神 培育最美文旅人——“519”劳动育人模式的探索与实践》获浙江省高校思想政治工作精品项目立项。一直以来，浙江旅游职业学院始终秉承“励志、惟实、博爱、精致”的校训，发扬“和礼勤进”的旅院精神，聚焦产教融合的文旅行业人才培养，促进学生励志拼搏、奋发向上，持续拓展当代大学生思想政治教育的载体和形式，全面提升大学生思想政治工作实效性，真正实现学生全面发展和成长成才。

《阳光满园：优秀辅导员工作案例选编》收录了50余篇辅导员精品工作案例，发挥沟通心灵、启智润心、激扬斗志的作用，激励广大旅院学子担当起党和人民赋予的历史重任。阳光系列丛书表现方式更加灵活，内容更加多样，覆盖更加全面。在未来，众位学工线同仁仍将奋力发挥大思政主渠道作用，奋楫向前，持续推动学校思想政治教育向更高质量迈进。

目 录

一、关怀疏导 用心呵护

二、聆听心声 浸润心灵

三、资助保障　扶志逐梦

四、多元合力　促融促和

五、青春领航 助力成才

六、思想引领 成就未来

一、

关怀疏导　用心呵护

家校医齐合力　共护学生“心”航

孟佳佳

一、案例背景与概述

A同学，男，大一学生。来自杭州本地，性格偏外向，大一入学时，在班内主动竞选班长一职，但因上台时行为举止过于夸张，没有竞选成功。A同学在入学时，档案中无心理异常记录，且在新生心理普查中表现正常。军训期间，了解到A同学与B学院的C女生开始谈恋爱。

开学一个月左右，C女生向班主任和所在学院书记反映，A同学与她分手之后骚扰、跟踪、威胁她。C女生面对A同学的多次骚扰，试图报警。辅导员接到B学院反馈的情况后，第一时间赶到A同学所在寝室，与A同学进行谈话。谈话过程中A同学并不承认骚扰他人的情况，在谈话过程中，辅导员发现学生语言表达不清晰，前言不搭后语，浑身紧张，且把和辅导员的谈话内容全程录音。谈话结束前，A同学承诺不会与C同学联系，当着辅导员的面将该女生的各类联系方式删除。

谈话之后，辅导员安排班级同学和室友关注A同学的动态，并与该生家长进行沟通，家长回复A同学不可能做出这种事情，只是单纯喜欢C女生，不愿分手。希望老师能够理解、帮助他。辅导员同时联系到学校心理中心负责老师，将具体情况进行反馈，并劝说A同学到心理中心进行心理咨询和评估。

二、案例应对与解决方案

（一）充分了解学生情况，及时发现问题，对症治疗

从A生入学到出事之前，并没有发现该生有特殊情况。学校的心理普查环节也没有查出问题，直到在该生身上出现危机突发事件。经辅导员与家长数次沟通之后，家长才将真实情况告知，原来A同学在高中时期就因心理问题

去杭州几家医院就诊，因情况好转，并没有坚持用药。上大学后，家长并没有将实情告知学校，加上此次感情问题引起的危机事件，导致学生病情复发。充分了解学生的情况，为A同学的病情治疗和后续事件处理工作奠定了基础。

（二）沉着冷静、积极应对，及时给予学生帮助

1. 确保安全，及时上报

整理、分析事件发生的全部过程并上报，当天在接到班主任反馈的情况之后，第一时间联系到学生本人进行谈心，了解情况后联系学校心理中心。

2. 谈心谈话，推动就医

联系学校心理老师对该生进行转介评估，得到心理中心老师的初步评估后，将该生转诊到医院进行进一步治疗。同时，立即将情况上报学院负责学生工作的领导，根据《中华人民共和国精神卫生法》的规定，联系学生家长，让家长知晓并同意就医。

3. 及时联系家长沟通，获得真实情况

前期没有了解到该生就医的情况，出现危机事件后，与家长保持联系，多次沟通之后，获得真实情况，有针对性地进行处理。

4. 关心关注、提供支持和帮助

A同学危机事件之后，辅导员将该生纳入重点个案学生库，定期与该生进行谈心谈话，同时，安排同班同学关心帮扶、邀请家长鼓励。每月定期向学校心理中心汇报该生情况。

三、案例反思与启示

（一）全面掌握学生动态，及时发现问题

辅导员工作很烦琐，经常是碰到突发事件才会了解到学生的一些特殊情况，特别是隐瞒病史的学生。由于不了解学生以前的病史或心理情况，就可能出现问题。因此，在学生日常管理中要充分发动学生干部、寝室长等小助手进行多方关注，全面掌握学生动态。特别是关注学生近期行为与往日的反差，要及时发现问题并解决。

（二）建立健全的工作规章制度

通过此类案例，我们分析总结经验，建立相关的规章制度。要求新生入学后，学生家长签署《既往病史告知书》，一方面对告知病史的学生信息进行保密，只有相关老师了解，另一方面可以对有既往病史的学生进行一对一的关注。

（三）保持与家长的沟通

与家长保持良好的沟通，可以帮助我们深层次了解学生的情况，找到解决问题的方法，避免走弯路，争取更多处理问题的时间。同时，及时与家长沟通，所采取的解决办法也更能被学生和家长接受。

（四）加强自身学习，提高业务能力

辅导员要不断地学习心理助人、职业生涯规划等跟学生密切相关的知识，以便更好地处理突发事件。提高自身的专业技能，向职业化、专家化的方向发展。

专家点评

点评专家：谢振旺，浙江旅游职业学院酒店管理学院党总支副书记。

有心理问题的学生是高校学生工作中的一个特殊群体，往往需要学校、家庭、医院、学生本人多方配合，形成合力，才能取得比较好的育人效果。尤其是遇到危机情况，还需要谨慎处理法律问题，这对一线辅导员是一个重要挑战，该案例对处置类似工作，具有非常好的启发和借鉴作用。

作者简介

孟佳佳，女，浙江旅游职业学院酒店管理学院思政辅导员。

用爱赋能　共绘希望

谭晨晨

一、案例背景与概述

小李同学，男，大二学生，一直患有直肠海绵状血管瘤，同时是新生入学心理普查后确定的重点关注对象，且有较为严重的口吃。入学以来，他学习认真努力，积极参加各项活动，给自己设置了很多目标，如专升本、入党，做亚运会志愿者等，并一直为目标的实现而努力。上个学期期末，由于同时参加多项活动、备战英语写作比赛等原因，他忘记了参加网络选修课考试，了解到网络选修课不能补考，只能重修，并且课程不通过可能影响入党等情况后，小李同学瞬间崩溃。

二、案例分析与应对

（一）案例定性分析

这是一个由学业问题引发的涉及心理健康、入党等问题的复合型案例。

（二）问题关键点

（1）该生身体患有直肠海绵状血管瘤，并且有严重口吃，同时也是心理普查后需重点关注的对象，身体和心理上都存在一些问题，需要辅导员老师特别关心。

（2）该生学习努力，积极上进，参加了很多活动，也给自己设立了很多目标。但是由于活动、目标太多不能很好地分配自己的精力导致课程挂科从而影响入党，情绪崩溃。

（3）从该案例中看出，该生特别重视入党，引导其正确认识入党问题也是本案例需要解决的关键点。

（三）解决思路和实施办法

本案例的解决思路需从解决当前问题和长远问题相结合的角度去考虑。首先要稳住小李的情绪，让其尽快稳定下来，帮助其做好挂科后的学业规划，树立信心。其次，进行家校联系，与家长一起对小李同学进行长期关注，定期关心其学习生活状态，对其有困难的地方及时给予指导帮助。具体实施办法如下：

1. 及时介入，稳定情绪

辅导员老师需要第一时间找到小李同学，求助心理老师一起安抚、稳定好他的情绪，以免其做出冲动行为，同时将情况汇报给领导。

2. 积极借力，团体帮扶

与小李同学一起向教学秘书老师咨询网络选修课重修的报名时间、考试等情况。同时安排班干部、寝室长平时多关心、提醒、帮助小李同学，有情况及时汇报。

3. 家校合力，共助成长

进行家校联系，告知家长小李同学的情况，请家长多关心小李，增进沟通，进行劝导。与家长达成常态化持续性家校联系的共识，定期交流小李的情况，共同帮助其成长。同时，告知家长如有必要建议带小李前往专业医院就诊。

4. 谈心谈话，激励成长

小李情绪稳定后与其进行谈心，首先对其积极上进的态度和行为表示肯定，同时劝导他，说明人的时间和精力是有限的，要学会合理安排、规划自己的时间，学会适当取舍。引导小李同学端正入党动机，不能因一时的挫折动摇入党信念，鼓励其继续努力，积极向党组织靠拢。

三、案例反思与启示

（一）加强对特殊学生群体的重点关注

工作中，要重点关注身体、心理异常的学生群体，与他们建立良好的信任关系，确保学生在遇到困难的时候可以想到向辅导员寻求帮助。

（二）建立良好的家校沟通机制

辅导员在工作中要与家长保持良好的沟通关系，在学生遇到问题的时候及时与家长取得联系，寻求家长的配合和帮助，形成家校合力，共同解决问题。

（三）注重日常监管和学业指导

辅导员要在日常工作中加强学风建设，培育浓厚学风。在考试前后的关键时间节点做好提醒督促工作。

专家点评

点评专家：谢振旺，浙江旅游职业学院酒店管理学院党总支副书记。

每个学校、每个班级都有一两个特殊学生，需要老师、辅导员付出额外的关心和努力，案例中的小李就是这样一个特殊的学生。案例提供了一个非常好的解决思路，对类似工作具有启发和借鉴意义。

作者简介

谭晨晨，女，浙江旅游职业学院酒店管理学院思政辅导员。

春风化雨　温情陪伴

王琼琼

一、案例背景与概述

小张同学在新生入学阶段，性格孤僻、独来独往，班级同学、任课老师都曾反映其行动、言语迟缓，不爱与人交流。找小张谈话，小张表示跟同学无共同话题，不喜与人相处。

辅导员在新生电话家访中了解到，因其从初中开始逐渐行动迟缓，家长曾带他做过心理咨询。同时了解到该生父母关系比较疏离。而在新生入学心理健康上机测评中并未发现该生有心理问题。

该生曾在期末考试期间有在校园超市中偷盗的行为，考试前因紧张导致物品丢失慌张查监控及多次换寝行为。截至目前，该生共丢失物品 2 次，换寝 3 次。该生母亲表示该生不擅长与人相处，而该生父亲则认为因其性格内向，导致屡次被他人"欺负"。对于辅导员和学院领导提出的心理评估及诊断建议，其母较为配合，其父非常抗拒，并且态度较为恶劣。

二、案例分析与应对

（一）案例定性分析

这是一个由寝室矛盾引发的心理危机，以及家校联系出现困难的复合型事件。

（二）问题关键点

（1）小张刚入学时独来独往，不愿融入集体，对集体生活较为排斥，但心理测评显示无问题。

（2）期末考试复习期间，学生心理压力较大，较为紧张，出现校园盗窃行为，而该生家庭经济条件较好，并不困难，其偷盗行为主要是心理压力过大引起的，需要心理干预和治疗。

（3）小张屡次换寝，每个寝室都难以与他人长久相处，与其性格的独来独往，不擅与人沟通交流有关，也是其心理问题的外在反馈。

（4）小张父亲因对心理问题缺乏了解，认为小张一切正常，学校小题大做，故意为难，不愿配合学校工作。

（三）解决思路和实施办法

1. 解决当下问题与长期关注并存

当下第一时间现场处理，安抚学生情绪，帮助协调沟通解决实际问题（寻找物品、查询监控、寝室矛盾处理等），以免事态扩大化和严重化，确保学生安全。事后：长期关注该生，定期谈心，了解学生思想状况、心理状况、人际关系情况等。

2. 向上反馈与家校联系共同发力

及时向学院心理辅导员、分管领导反馈学生情况，定期谈心，建议学生进行心理咨询；同时，做好家校联系，对学生在校期间的重大事件如实反馈，以便家长知晓该生在校情况，特别是其父亲对心理问题不重视，需加大心理相关知识的宣传力度，扭转其错误认知，从专业角度对该生进行心理危机干预，开展科学的心理咨询或治疗。

3. 生活关注与班干部帮扶相结合

除定期谈心谈话，积极同任课老师、学生干部、寝室成员等沟通交流，多维度帮扶学生：通过任课老师在课堂上鼓励小张回答问题，提升小组协作能力；学生干部多组织活动，带动小张参与；寝室成员多关注小张动向，对其晚归等及时汇报等；全方位、多角度帮助小张融入集体生活，逐渐缓解其情绪紧绷、独来独往、不善交际等问题，使其感受到他人的善意与温暖。

三、案例反思与启示

（一）全面了解，摸清问题

唯有摸清问题才能真正解决问题。辅导员需要多方了解，全面沟通，力求全面掌握情况。在此案例中，学生偷盗行为若不结合学生寝室矛盾、独来独往等行为进行综合判断分析，很容易被误判为偷窃等品质问题，而非心理问题。

（二）有情有理，双向引导

对学生偷窃、寝室成员互相辱骂、打架等行为，严肃指出其行为不当，对其违反校规校纪问题绝不姑息纵容，有理有据地批评教育，使其充分认识到自身错误，规范个人行为；同时考虑到学生心理状况及性格特点，在与其谈话教育时不可太过生硬冰冷，要从学生角度出发，了解学生所思所想，关爱学生，积极帮助学生解决实际困难。

（三）多方协同，形成合力

一名合格的辅导员，要善用各项资源，而非单打独斗。班级内：学生干部、寝室成员、任课老师等都是多方了解学生情况的有效抓手；学院里：心理辅导员、分管领导都是能给予专业指导与事务处置的有效力量；家校联系：做好学生心理情况告知工作和家校记录，从多层面给予学生关爱，形成合力共促学生健康成长。

专家点评

点评专家：谢振旺，浙江旅游职业学院酒店管理学院党总支副书记。

寝室，是学生学习、生活的重要场所。寝室人际关系好不好，直接影响学生的学习、生活体验，对学生的成长具有非常重要的影响。案例分析了学生因寝室关系产生心理问题的形成过程，并进行具体分析，采取合理有效的对策，对辅导员开展相关工作具有启发意义。

作者简介

王琼琼，女，浙江旅游职业学院酒店管理学院辅导员。

“笑・纳心理”：学生心理自助网络平台

吕月爽

一、案例背景与概述

（一）大学生心理问题频发，多部门联合行动关爱学生心理健康

近年来，大学生心理行为问题发生率和精神障碍患病率逐渐上升，国家卫生健康委、中宣部等12部门联合印发《健康中国行动——儿童青少年心理健康行动方案》，强调开展“心理健康环境营造行动”“心理健康关爱行动”“心理健康服务体系完善行动”，同时指出，要“积极开展同伴教育，增强同伴支持”。

（二）借力“互联网+”技术，网络化心理自助效果显著

心理自助主要指借助自助书籍、互助小组或专家指导，解决情绪和心理问题。随着“互联网+”技术的普及，心理自助开始应用于网络化形态，效果大大超越了以往方法带给人的体验。在欧美等国，网络化自助已被广泛用于情绪和心理问题的临床治疗，其有效性完全可以与面对面的专家咨询相媲美。

在此背景下，我们依托“Aone幸福课”公众号，打造“笑・纳心理”学生心理自助服务平台，引导青年学生通过自助教育、在线互助、生活实践，改善人际关系、提高情绪调节能力、完善人格发展水平。

二、案例分析与应对

（一）“笑・纳生活”朋辈互助诉心事

该模块为学生提供在线互助服务，设立不同主题的互助团体，由指导老师担任团体领导者，开展朋辈分享、团体辅导、团体咨询等互助活动，引导学生在分享互助中，增进对生活的理解，更加坦然地面对生活事件。

1.“向阳路上”朋辈分享

开辟“向阳路上——书写成长记忆”专栏，向学生广泛征稿，鼓励学生分享自己如何走出困境的原创文章，陪伴学生一路向阳的心路历程，半年累计推送学生征文22篇。

2.“千语千寻”蒙面分享会

邀请师生，以蒙面分享的方式进行分享，同学们在游戏体验中放松心灵，在聆听讲述中治愈自我。目前，该活动已举办15场（见图1）。

图1　蒙面分享会

3.“5·25，每个人都值得相伴而行”团辅活动

2023年大学生心理健康节期间，我们开展了“5·25，每个人都值得相伴而行”系列团体辅导，参与的同学经过14天的线上打卡熟悉，“奔现”聚在一起，通过戳戳绣、团体游戏等线下活动，循序渐进地发展深度社交关系，实现校园相伴（见图2）。

图2　相伴而行

（二）“笑·纳逆境”自助服务解心结

基于行为认知、自悯调节理论，开发自助服务小程序、拍摄心理保健自助视频等。学生关注平台后，自主阅读、自主观看视频，通过自助服务进行自我教育。

1. AI 密友——基于 CBT 的自我心理服务系统

该系统面向全校师生提供自我心理评估、情绪调节指导服务，帮助使用者更科学、更有效、更便捷、更私密地实现心理自助（见图 3）。

图 3　基于 CBT 的自我心理服务系统

2. 平台发布自助训练计划

如每日正念冥想、倾听一刻、运动半小时、放松训练等，参加的学生定期打卡，鼓励学生在生活中实践心理保健技能（见图 4）。

图 4　运动和冥想

（三）“笑·纳成长”师友守护愈心愁

日常师生问答、课程建设，识别线上互动、线下交流过程中具有危机特征的学生，共同介入对学生的心理危机干预，为学生的健康成长护航。

1. Aone 问心师生互动

线上，针对学生的困扰和感兴趣的话题，通过“Aone 问心”栏目，与学生积极互动，为学生答疑解惑。线下，工作室成员依托“心憩小筑”二级心理工作站，为学生保驾护航（见图 5）。

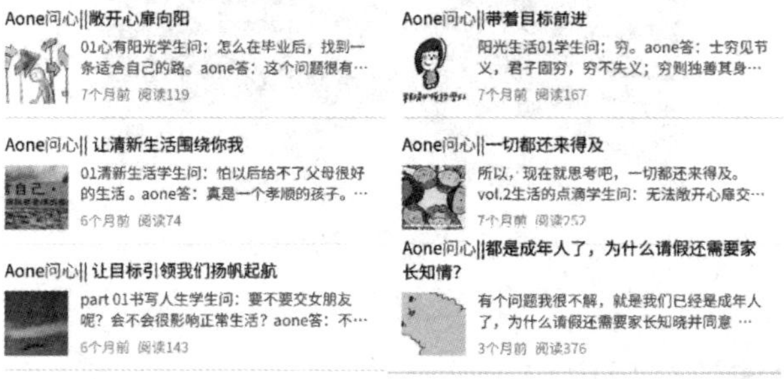

图 5 Aone 问心

2. 课程建设

线下打造幸福课堂，通过《积极心理学与幸福人生》《大学生心理健康教育》课程，参与浙江教育科学研究院“疫情防控心理微课”系列微课程，拍摄《中职生居家防疫心态调整》，在学习强国、浙江微课网登发，系列微课总学习人数达 1184373 人次（见图 6）。

图 6 系列微课

3. 举办“幸福”研讨会

每季度定期召开专题研讨会，同时，积极承办面向全校师生的心理健康教育研修、培训活动，深化品牌建设，加强师资队伍建设，进一步提升团队成员的研究水平和理论功底（见图 7）。

图 7 “幸福”研讨会

三、主要成效与反思启示

（一）砥砺守正创新，育人成果初现

该工作项目获得浙江省大学生科技创新活动计划暨新苗人才计划、浙江旅游职业学院辅导员工作室、浙江旅游职业学院德育名师等项目的立项支持。

团队成员 2021 年公开发表相关论文 3 篇，立项课题 6 项，其中 2 项为厅局级及以上课题，成员获厅局级荣誉 2 项（见图 8）。

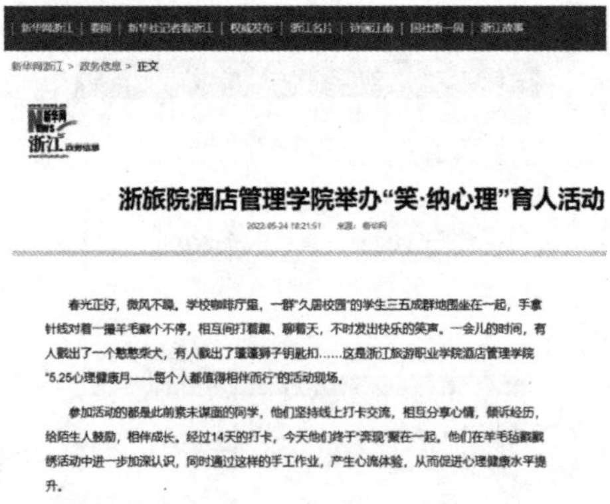

新华网浙江 > 政务信息 > 正文

浙旅院酒店管理学院举办“笑·纳心理”育人活动

春光正好，微风不躁。学校咖啡厅里，一群“久居校园”的学生三五成群地围坐在一起，手拿针线对着一撮羊毛戳个不停，相互间打着趣、聊着天，不时发出快乐的笑声。一会儿的时间，有人戳出了一个憨憨柴犬，有人戳出了蓬蓬狮子钥匙扣……这是浙江旅游职业学院酒店管理学院“5.25心理健康月——每个人都值得相伴而行”的活动现场。

参加活动的都是此前素未谋面的同学，他们坚持线上打卡交流，相互分享心情，倾诉经历，给陌生人鼓励，相伴成长。经过14天的打卡，今天他们终于“奔现”聚在一起。他们在羊毛毡戳戳绣活动中进一步加深认识，同时通过这样的手工作业，产生心流体验，从而促进心理健康水平提升。

图 8 新华网报道：酒店管理学院“笑·纳心理”育人特色品牌

工作业绩得到新华网、《中国旅游报》等主流媒体的关注和宣传报道。

（二）精进专业能力，浸润学生心灵

1. 扮靓工作品牌，积蓄育人力量

进一步做大做强“笑·纳心理”工作品牌，提高品牌知名度和美誉度，指导学生参加竞赛比赛、科研立项、社会服务，形成一系列丰富的育人成果，在三全育人工作中发挥更大的作用。

2. 立足队伍建设，实现专业成长

持续开展教学研究活动，加大培训力度，不断提升团队成员的业务水平和科研能力，争取在厅局级、省部级立项，发表高质量研究论文。

3. 专注学生体验，蝶变活动成效

结合 5·25 大学生心理健康节、预防自杀日等重要节点，创办专业心理工作坊，提升心理健康教育活动效果，增强学生积极情绪体验。

专家点评

点评专家：谢振旺，浙江旅游职业学院酒店管理学院党总支副书记。

心理健康教育是高校学生管理工作的重要内容，如何在常规工作中做到出新、出亮点，产生切切实实的工作效果，是每个心理育人工作者需要深入思考的问题。该案例构建了一个线上线下、课内课外相结合的心理健康教育工作平台，建设成效明显，工作创新有特色，是一个很好的尝试。

作者简介

吕月爽，女，浙江旅游职业学院酒店管理学院辅导员。

走出阴霾　奔向阳光

李颖轩

一、案例背景与概述

大一学生张某（女）从小跟随爷爷奶奶生活，父母常年在外打工，缺少对自己女儿张某的关爱。上大学后，张某在网络兼职平台上看到一份家教工作，随即去应聘。雇主是一名离婚中年男性马某，有一个正在上初中的女儿，通过面试后，张某在马某家中做起了家教。马某除了发给张某规定的薪资外，平时对张某比较关心，久而久之，两人之间产生了感情。不久之后，马某突然与另外一名女性再婚，张某一下子感到无法接受，找到辅导员进行谈心，在交流过程中张某表示对马某一直存在类似父亲兼爱人一般的感情，得知马某再婚后无法接受事实，甚至得了抑郁症并产生了轻生的念头。

二、案例分析与应对

（一）案例定性分析

这是一个由情感问题引发的恋爱与性心理问题。

（二）问题关键点

大学期间的张某，各方面表现优异，因家庭原因，在情感上产生错位，有一定的“恋父”情结。此问题导致张某情绪不佳，经专业心理教师认定，需要心理介入治疗。

（三）解决思路和实施办法

作为辅导员，需要第一时间介入此类事件，张某进入学校不久，还未完全适应大学生活，身心还未完全成熟，对情感的认识存在模糊的情况，应及时为张某寻求心理支援，帮助张某走出消极情绪，建立正确的爱情观。

（1）建议张某在其父母的陪同下前往专业医疗机构，寻求专业人员的帮助，从情感问题中及早抽身。同时，应尽快向分管领导汇报张某的情况，做好家校记录和心理情况告知工作。

（2）时时与家长沟通，尤其要和张某的父亲进行交流，就张某在家庭当中存在亲情缺失的问题进行重点沟通，提醒其父母要经常与张某联系，关心她的学习和生活，让她感受到家庭的温暖，使其逐步恢复正确的自我评价。

（3）作为张某的辅导员，要持续关注，定期与其进行谈心谈话，通过列举身边经历过情感危机的学生走出情感困惑的成功案例，建议张某多参加各类体育、文艺类活动，转移焦点，树立正确的恋爱观，重新找回学习、生活、工作的目标，回归到正常的大学生活轨道上来。

三、案例反思与启示

（1）作为学生的辅导员应该做到及时发现学生的心理异动，通过谈心谈话分析出学生已产生一定心理问题后，应迅速与家长联系，寻求家长的配合，形成学校、家长和学生的合力，共同解决问题，让学生从情感的困惑中一步步走出来，拥抱崭新的生活。

（2）在平时的学习和生活中要做到关心和了解每一名自己所带的学生，与学生建立相互信任的关系，学生对辅导员的高度信赖是处理好突发事件的基础，也是通过谈心谈话就能解决危机的关键。当然，自身扎实的专业能力和心理素质也是解决问题的保障。

（3）大学生身心还未健全，作为辅导员应定期召开主题班会，帮助他们树立正确的世界观、人生观和价值观，对于遭遇恋爱困扰的学生，要保持长久的关注。

专家点评

点评专家：谢振旺，浙江旅游职业学院酒店管理学院党总支副书记。

情感问题是大学中的常见问题，大学生对这类问题充满憧憬，但又缺乏处理情感的经验，很容易因为情感问题而引发心理问题，产生心理危机。该案例的分析翔实、处置合理、反思到位，对辅导员开展相关工作具有启发意义。

作者简介

李颖轩，男，浙江旅游职业学院酒店管理学院辅导员。

此情无计可消除　才下眉头　却上“心”头

陈威廷

一、案例背景与概述

小红在军训期间表现出色，在班级中担任副班长，并加入了学校教官大队。入学刚两个月，班委反映，小红最近因感情问题，无法调整自己的情绪，每日心情都非常低落，最近一直失眠，但此前学校的心理健康上机测验并未发现该学生有心理问题。学校心理教师认为，该同学有必要寻求医疗介入，并进行必要的诊断，再返校学习。经过沟通，小红的父母当天就从外地赶来学校，但小红父亲认为学校小题大做，态度较为抗拒和强硬，小红母亲较为配合学校的工作。作为辅导员，你该如何处理？

二、案例分析与应对

（一）案例定性分析

这是一个由情感问题引发的心理危机，以及家校联系出现困难的复合型事件。

（二）问题关键点

（1）刚入学的小红，各方面表现优异，因情感问题导致情绪不佳，经专业心理教师认定，需要介入心理治疗。

（2）小红父亲因认知限制，认为学校的判断小题大做，不愿配合校方工作。

（三）解决思路

当下：作为辅导员，第一时间介入此次危机事件。小红刚入学不久，还未完全适应大学生活，身心还未成熟，以小红母亲为突破口，做好父亲的工作，及时为小红寻求心理支援，帮助小红走出消极情绪，建立正确的爱情观。

长远：关注心理有问题的学生，定期进行谈心谈话；帮助同学树立正确的爱情观。

（四）应对办法

1. 及时介入，处理事件

建议小红在其父母的陪同下共同前往专业医疗机构，寻求专业人员的帮助，从情感问题中及早抽身。同时，尽快向分管领导汇报小红的情况，做好家校记录和心理情况告知工作。

2. 生活辅助，同辈帮扶

依靠学生干部、寝室成员确保小红情绪稳定，在校期间轮流看护，不要让小红一个人独处，号召同学平时多关注、帮助小红同学，一旦出现问题，及时向辅导员汇报。

3. 家校联系，心理疏导

及时与家长沟通，要体现老师和家长都是站在“为了孩子好”的角度，借助小红母亲的支持，共同劝说小红父亲，配合学校工作，共同制订疏导方案，提醒家长经常与小红联系，关心她的学习和生活，让她感受到家庭的温暖，使其逐步恢复正确的自我评价。同时，积极联系心理咨询老师，从专业角度进行心理危机干预，开展科学的心理咨询或治疗。

4. 贴心交流，重塑观念

小红刚进校，就在班级中担任副班长，并且在军训中表现优异加入教官大队，作为辅导员要高度肯定小红的优秀表现。通过列举身边经历过情感危机的学生，走出情感困惑的成功案例，推荐小红参加各类体育、文艺类活动，转移焦点，帮助她树立正确的恋爱观，重新找回学习、生活、工作的目标，回归到正常的大学生活轨道上来。

三、案例反思与启示

（一）洞烛先机，化危机于萌芽

辅导员要做到及时发现问题，与家长联系，得到家长的配合，形成学校、家长和学生合力，共同解决问题，让学生从情感的困惑中一步步走出来，拥抱崭新的生活。学生对辅导员的高度信赖是处理好突发事件的基础。深谙“防患于未然”的道理是关键。居安思危、预防为主，这是应急管理工作的指导方针。辅导员应努力扎实自身专业能力和心理素质，这是解决问题的保障。

（二）抓住时机，挽狂澜于既倒

危机事件发生后可以把握三个原则，即时性、全面性、系统性原则。辅导员须第一时间到达现场，掌控局面，了解情况并及时上报；辅导员须梳理事件的具体情况，调查事件的起因、经过等。有时危机事件可能涉及学生隐私，不宜扩散。辅导员自己能做的一定要做到位，做不了的一定要及时寻求帮助，只有形成上下合力，才能化危机为转机。

（三）怀有“心机”，用爱润泽心灵

大学生身心未健全，辅导员应召开主题班会，帮助同学们树立正确的爱情观。对于长期遭受恋爱困扰的学生，应保持持久的关注。认清教育的真正目的，不只是危机的解除，这仅仅是一个开端，更重要的是实现心理危机向教育契机的转化。

专家点评

点评专家：谢振旺，浙江旅游职业学院酒店管理学院党总支副书记。

在心理问题学生的处置中，如何获得家长的支持，取得学校、家庭和学生三方共同合力，为学生健康成长护航是很多学校都会面临的问题，这个案例很好地进行了分析和总结，对后续类似工作的处理具有启发意义。

作者简介

陈威廷，男，浙江旅游职业学院酒店管理学院辅导员。

摆脱自卑的茧　成就蜕变的蝶

陆甜甜

一、案例背景与概述

小马是一名藏族学生，来自西藏贫困山区，单亲家庭，父亲在家务农，家庭经济条件困难。进入大学，面对新环境，他明显意识到自己学业基础薄弱，生活习惯等各方面和其他同学存在差异，内心无助、自卑、迷茫。因为自己从小说藏语，普通话水平和英语水平不理想，不愿与同学们交流，课堂上不敢发言，成绩不断下滑。他越来越感到力不从心，无法适应大学生活，鼓足勇气向辅导员求助。

二、案例分析与应对

（一）案例定性与分析

这是一起家庭经济困难的少数民族学生因自卑而产生大学适应性问题的案例，同时伴生有心理困惑和学业困难。

从案例中可以看出小马同学的特殊性，“藏族”“单亲家庭”“贫困山区、家庭经济条件困难”“学业基础薄弱”“内心无助、自卑、迷茫”都应该引起足够的重视，从而有效地分析问题、解决问题。

（二）问题关键点

从外在而言，当务之急是深入了解学生的需求，通过精准帮扶，帮助其解决生活和学业上的现实困难。

就内在而言，通过思想引领和心理疏导，帮助其克服自卑心理，逐步培养其自强自信的品格，并通过系统的专业指导，提升其综合素质和各方面能力，促进学生全面成长成才。

（三）解决思路和实施方法

1. 以经济资助为基础，精准帮扶助困，解决实际困难

从关心的角度出发，主动联系学生，通过深入细致的谈心谈话及家校联系，了解学生的成长背景、家庭情况及现实需求，走入学生内心，建立师生信任。基于以上谈话和调研，通过政策普及，为学生提供多渠道的助学帮助，比如，在申请获得国家助学金的同时，鼓励学生积极报名校内勤工俭学岗位、努力学习争取国家励志奖学金，减轻家庭经济压力。

2. 以树立自信为重点，发掘优势特长，增强自立自信

通过深入的暖心谈话，辅导员了解到小马从小在藏族山区长大，经常帮父亲放牧。长期的放牧生活锻炼了他顽强的毅力和强健的体格。因此，鼓励该生发挥特长，通过参加校运动会、技能月、体育节各项活动，加入校羽毛球队，结交朋友，扩大交际圈，收获成功体验。比如，在运动会相关项目上，小马取得了优异的成绩，为班级争了光，受到班级同学们的赞扬，这极大地增强了他的自信心。

3. 以能力提升为目标，提供学业帮扶，助力全面发展

辅导员、班主任、专任老师、班干部、室友齐心协力，课堂上鼓励该生积极发言并给予正向激励，课后通过"一对一"朋辈帮扶，有针对性地开展学业规划、学业困惑、专业选择等方面的指导，引导他认真学习专业知识，努力提升专业技能，增强自身的综合素质。

4. 以心理健康为导向，融入思想引领，树立正确价值观

坚持正向价值引领，加强对小马的思想动态、心理状况等方面的关心指导。培养他对困难的理性认识，引导其树立正确的世界观、人生观和价值观。并以此为契机，由点及面，加强学生心理健康教育、励志教育、诚信教育、感恩和社会责任感教育。在"济贫助困—资助育人—成长成才—回馈社会"的良性循环中，进一步教育引导学生提升价值感、使命感与责任感。

三、案例反思与启示

（一）从入学到就业，守住启航教育入门关

大学新生需做好新生启航教育工作，对学生在思想方向、专业发展、行为规范等方面进行沉浸式、体验式教育。同时，对少数民族学生、经济困难学

生、心理异常学生进行重点关注关爱，为学生尽快适应大学生活和个人健康发展指引方向。也要注意针对个体差异，为每位学生找到学业、职业、专业的适应性路径，牢牢把好新生入学第一关。

（二）从漫灌到滴灌，全方位育人重视精准帮扶

家庭经济困难学生在校园适应、学业、心理、发展、人际关系、求职等方面可能面临的一系列发展性问题。因此，个性化地为学生量身定制生涯规划、人际交往、心理健康、专业技能、就业指导分类提升方案，细化“一生一策”，完善个性化帮扶方案，设计适应性发展计划，切实做到生活上关心、学业上帮扶、成长上关怀、发展上关切。

（三）从扶困到扶志，将学生资助与思想政治教育深度融合

对于经济困难的学生，除了经济上的帮扶，更要加强“造血”功能。立足扶贫与扶志、扶智相结合原则，将物质帮扶、心理关怀、能力拓展、思想引领相结合，加强励志自强教育、感恩诚信教育，全面提升综合素养，助力成长成才。

专家点评

点评专家：郭一，浙江旅游职业学院旅行服务与管理学院党总支副书记。

从受资助学生的实际工作情况出发，立足扶困与扶志、扶智相结合的原则，以经济资助为基础，以思想引领为导向，以能力提升为目标，以树立自信为重点，实现从“资助”到“自助”的转变，促进学生全面发展、成长。

作者简介

陆甜甜，女，浙江旅游职业学院旅行服务与管理学院辅导员。

被美工刀砍断的友谊

吴依妮

一、案例背景与概述

小优是心理重点关注学生，曾患有抑郁症，父母离异，目前生活在重组家庭中。初入学时，小优与小乔是形影不离的室友，有很多共同话题，经常聚在一起诉说心里话。卸下心理防备的小优曾与小乔说起自己的自杀计划。但是不久后，小乔无法接受小优的“负能量”，与小优逐渐疏远。某天熄灯后，两人因琐事发生口角，小优情绪逐渐崩溃，拿起了一直放在枕头下的美工刀，在推搡之间，两人均受伤，小乔伤势较重，已经报警。五月的晚上，夜里十二点多，同学给辅导员发了许多现场遍布血迹的照片。

二、案例分析与应对

（一）案例定性和关键点

1. 两人均受伤且小乔伤势较重——属于校园危机事件

保障学生的生命安全为当下最紧要的事，应立即启动危机事件应对措施。

2. 两人因琐事发生口角——属于学生日常事务管理中的寝室人际矛盾问题

小乔未经允许私自更换寝室桌位、常常不倒垃圾、床上用品有异味等原因，致使两人产生口角。

3. 小优还曾与小乔说起自杀计划，枕头下总是放着美工刀——属于心理健康教育问题

综上所述，该案例是一起由寝室人际矛盾引发的校园危机事件，实质上还包含了心理健康教育问题。

（二）解决思路和实施办法

该案例解决思路是运用把握问题的轻重缓急原则，用好“快”“慢”思维。首先是用好“快”思维，着眼当下，优先解决紧要问题，先解决两人受伤问题，保证人身安全；其次是用好“慢”思维，面向长远，解决好学生整体层面及个体层面的寝室人际关系及心理健康教育等关键问题，做到一把钥匙开一把锁，将心理健康教育与思想政治教育相融合，促进大学生健康成长。

1. 保障学生人身安全，抓住一个“快”字

辅导员应第一时间到达现场，将伤势较重的小乔带去医务室包扎伤口。稳定小乔情绪。将目前掌握的情况立即上报主管领导和保卫部门。请保卫部门接待公安部门。因小乔情绪极不稳定，小优不愿多说一句，且当时已经是深夜，为不影响第二天的正常学习生活，让宿管阿姨单独找了一个房间让小乔先睡下。

2. 妥善处理寝室矛盾，突出一个“公”字

第二天一早，我将两人叫到办公室，先单独了解情况，随后将二人叫到一起，对当天晚上发生事情的起因经过结果，写下详细的情况说明，两人确认无误后均签字。寝室矛盾和两人之间的嫌隙不是一日产生的，起因是小乔违反了寝室管理规定，小优拿起刀伤人也同样违反了校纪校规，必须公正处理。

3. 及时评估心理状态，扣住一个“准”字

小优曾患有抑郁症，与小乔分享过自己的自杀计划，枕头底下总是放着美工刀。加上突然爆发了寝室矛盾，小优看起来沉默寡言，实际内心也濒临崩溃。与小优结束谈心谈话后，小优同意由家长陪同至专业机构进行心理状态评估。

4. 积极推进家校沟通，追踪一个“跟”字

在了解完事情经过后，我积极与双方家长进行深入沟通。小乔的家长情绪激动，担心小乔目前的安全情况，小优的继父寡言，但也同意积极配合学校。我与家长沟通事情的起因经过、目前所做的努力和需要家长配合的工作，表示理解家长的心情，对家长提出的接小乔回家暂住等合理要求予以满足。在进行心理状态评估后得出结论，小优目前不适合继续在校学习，继而与其家长沟通休学事宜。

5. 坚持标本兼治，把握一个“育”字

以此为契机，加强寝室文化构建，通过召开主题班会，制定寝室公约等形式，引导学生正确处理好室友间的人际关系。

三、案例反思与启示

（一）全面巩固顶层设计，健全工作机制

本案例中的危机事件产生后，学生第一时间上报辅导员，宿舍—班级—学院—学校四级联动工作机制较为完善，信息反馈渠道通畅，关键时刻发挥了作用，为第一时间解决问题起到了关键作用。要加强对心理联络员、宿舍长的培训，充分发挥他们在工作开展过程中的左膀右臂作用。

（二）扎实开展心理健康教育，完善咨询帮扶

新生入学时，要扎实开展心理健康普查工作，将有潜在、一般、严重心理问题学生分批建档，及时提供有效帮扶，做到心理问题及早发现、及时预防、有效干预，要引导学生认识环境变化，及时调整自身状态，积极投身大学生活，出现问题及时寻求帮助。

（三）坚持育德与育心相结合，加强人文关怀和心理疏导

作为辅导员，在开展心理育人的工作中，要跳出心理看心理，从思想政治工作的大维度上做好学生的关怀与帮扶，而不是针对心理看心理，治标难治本。引导学生正确认识义和利、群和己、成和败、得和失，培育学生自尊自信、理性平和、积极向上的健康心态，促进学生心理健康素质与思想道德素质、科学文化素质协调发展。

（四）人文关怀与管理服务并重，做好学生的持续关注

如果学生确诊不宜继续求学并需要休学治疗，辅导员要做好相关的管理服务工作。对学生家长做好相关重要问题的告诫，并在休学过程中秉持“离校不离心，联系不断线”的原则，加强沟通与督促。

专家点评

点评专家：郭一，浙江旅游职业学院旅行服务与管理学院党总支副书记。

近年来，高校学生危机事件频发，如果预案周全，决策科学，引导得好，处置得当，危机事件就可以大事化小、小事化了。突发事件的处理过程，是辅

导员工作综合能力的锻炼和检验过程，突发事件的处理虽无定法，但贵在得法，只有通过平时的扎实工作，总结经验，不断提高处理突发事件的素质和能力，才是真正的处理之道。

作者简介

吴依妮，女，浙江旅游职业学院旅行服务与管理学院辅导员。

成长有光　从“心”点亮

李雪妍

一、案例背景与概述

小黎同学，女，黑龙江人。在大一刚入校时，军训期间中午休息时因失恋想挽回前男友，加之适应不良，小黎将从家中带来的感冒药等一颗颗从塑料包装中抠出，室友发现异样，试图劝阻她。小黎回答：“我就是把它抠出来，放在那里。”随后带着药回到床上休息。等室友午休结束后，发现房间充斥着藿香正气片的味道，在小黎同学床边的垃圾桶里有很多吃完的药盒。数了一下有 100 多片感冒药。室友随即报告给班助，班助上报学院，一场心理危机正在发生……

二、案例的分析与应对

（一）案例定性分析

此问题是较为典型的心理危机发生时的真实情况，需及时进行危机干预。

（二）问题关键点

此危机处理关键点在于快速挽救生命，保证学生安全。对于学生心理状态进行评估，以及后续关心关怀与思想引导，帮助学生适应大学生活，度过情感危机。

（三）解决思路和实施办法

1. 危机干预及时进行

党总支副书记，学工办主任及心理辅导员来到学生宿舍进行初步危机干预，及时评估现场情况，安抚学生，送医急救，经过及时洗胃救治，小黎脱离生命危险。在家长到来前，学工人员轮流陪护。在危机处理的同时，从正面及侧面了解该生的性格特点，既往病史，危机原因，初步评估风险。

2. 家校联系持续跟进

在危机干预的同时，及时进行家校联系。家长来校前，保持沟通交流，家长来校后，安抚家长的情绪，给予指导建议。次日，小黎家长赶到医院，在小黎自己的要求下，待身体好转后出院，家长陪同休养。在家长的陪同下，小黎去萧山医院精神卫生中心进行诊断，医院诊断为抑郁发作，当前抑郁焦虑状况良好。

3. 心理评估适时进行

待学生状态好转后家长来校，心理健康中心对小黎做了危机评估，评估结果显示有中高度自杀风险。考虑到该生的家远在黑龙江，党总支副书记建议该生休学回家休养，或者家长陪读。在家长拒绝建议后，签署告知书。当日父母离杭，小黎回校继续学业。

4. 心理帮扶持续关注

在小黎状态好转后，辅导员与小黎多次谈心谈话，了解小黎的心态变化。待情绪激动状态结束后，小黎较为后怕，也非常感谢学院领导和学工老师的及时帮扶，辅导员从健康爱情观的角度帮小黎梳理了她的初恋故事，并鼓励她积极探索自我，期待下一次的恋爱。在新生适应上，班主任为她建立了一支帮扶小组，小组由学长学姐与宿舍里活泼开朗的同学组成，以帮助小黎适应大学生活。在校期间，利用学院三级心理关注网络长期关注其个人动态。很快，小黎情况逐渐转好，开始了新的恋爱，她的大学生活逐渐多姿多彩起来。目前，她即将完成学业，追逐梦想。

三、案例反思与启示

（一）小黎的自杀尝试，源自失恋挽回无效及新生适应不良，属于激情自杀

在大学生心理危机事件发生及干预中，失恋引发的冲动性行为危险性较大，由于心智不成熟，行为自控能力较差，心理发展处于疾风骤雨期。失恋本身造成的心理冲击较大，因此对于学生的失恋的问题要有足够的重视。同时，他们恢复较快，这种冲动来得快去得也快。

（二）小黎心态崩塌的另一个原因在于适应不良

新生入学之初，部分学生内心有一定的恐惧心理，这类同学往往对于父母依赖过强，辅导员应在开学之初注意通过走寝等方式了解群体中是否有此类学

生群体的存在，并及时引导其心态转变。

（三）查阅相关文献总结出自杀群体的画像

从自杀行为的群体特点看，外省籍的大学生自杀率高于本地大学生，且女性自杀概率高于男性；根据自杀行为的发生时间来看，大学生自杀具有间歇性规律，自杀行为多数发生在每学期的开学初和学期末。根据自杀者的自杀意图来划分，其类型包括以下五种：寻求解脱性自杀、自我防御性自杀、放任性自杀、报复性自杀和威胁性自杀。自杀行为又可分为突发型自杀和计划型自杀。上述群体自画像和本次危机有一定相似性，可以作为日常心理关注中的部分要点。

专家点评

点评专家：葛丽敏，副教授，浙江旅游职业学院旅游规划与设计学院党总支副书记。

新生入校时期是心理危机高发期，案例中辅导员处理及时，团队协作得当，家长配合程度较高，最终有惊无险。学生心理工作是效率、关怀与专业度的高度结合，在危机处理完毕后，育人与关怀照亮学生的成长之路。

作者简介

李雪妍，女，浙江旅游职业学院旅游规划与设计学院辅导员。

春风化雨　润物无声

陈雪燕

一、案例背景与概述

W同学，男，2019级烹调工艺与营养专业学生，孤儿，退伍军人。从小与年迈的爷爷相依为命。2018年9月，因对大学的渴望，又因迫于生活的压力，该生一边参加工作，一边准备高考，努力自学，最终，凭借军人的意志和毅力于2019年9月考入浙江旅游职业学院。

进入大学后，各种问题接踵而至。首先，因无任何经济来源，他害怕无法正常在校学习生活，同时担心自己高中所学专业（电子技术与应用）与大学所选专业（烹调工艺与营养）跨度太大，忧心跟不上学业导致成绩不好，落后于大多数同学。

生活困苦、对学业的担忧、对拥有完整家庭同学的羡慕，多重压力之下，导致其陷入困境。

二、案例分析与应对

（一）案例定性分析

（1）不可抗力因素造成生活的压力，使其对未来迷茫且不自信，存在生活困难情况。

（2）烹调专业需要一定的专业基础，没有任何专业基础的W同学，很难适应课程强度，存在学业困难情况。

（3）周边同学家庭的完整，会造成其内心的不自信，存在一定的自卑胆怯心理。

（二）问题关键点

（1）孤儿作为贫困生群体中最为特殊的一类群体，解决其生活问题是一切问题的根源所在。

（2）学生适应性问题显现，通过发挥其自身优点、学业帮扶、朋辈力量等措施，减少学生对大学环境、课程设置的陌生感，帮助其适应大学生活。

（三）解决思路和实施办法

1. 拓宽保障性资助，为求学之路保驾护航

了解W同学的困难后，辅导员向其详细介绍了学校的“七彩阳光助学计划”，并根据其实际情况，提供国家助学金、退伍军人学费补偿、生活补助、交通补助、伙食补助、商业保险补助等各项基础性资助，该生经济压力得以缓解。另外，还为该生提供新生班助、扩招生班助、办公室助理等勤工助学岗位，不断拓宽该生资助渠道，全方位多层次保障该生的在校学习生活。

2. 探索发展性资助，构筑多元资助体系

根据该生自身专业薄弱的特点，通过学院“微心愿”结对活动，建立党员教师“一对一”帮扶机制，在该生学业上予以专业性帮扶；同时，通过班主任、带班辅导员、寝室学生干部发挥朋辈力量，在生活中给予W同学人文关怀，助力其不断成长。通过对W同学的指导教育及其自身的不懈努力，该生先后荣获校阳光工程“实践标兵”、国家励志奖学金、孙奇煌奖学金、“校十佳大学生”等各项荣誉。据统计，在校期间，该生累计奖助金额达五万余元，为该生的成长成才插上了飞翔的翅膀。

3. 推动内涵式发展，给予“破茧成蝶”的力量

作为一名退伍军人，W同学有着很强的集体意识和团队荣誉感，为充分发挥该生的主观能动性，特培育其担任班级团支书、教官大队教官、新生班级助理等学生干部职务，让该生充分融入集体，感受到温暖，发挥自身优势并找到内在价值。在该生的带领下，其所在班级获得了校阳光工程“星级班级”“全省高校优秀团支部”等多项荣誉；实习期间，由于表现突出，W同学荣获杭州市西湖区人民政府文新街道办事处颁发的“退役军人创业先锋”荣誉称号，实现了W同学从济困助学到受助学生的能力提升和自我发展的实质性转变。

三、案例反思与启示

（一）深化顶层设计，完善育人机制

着力建设三级公示机制（班级公示、学院公示、学校公示）、四级监督机

制（学生资格有复核，班级评议有监管，学院推荐有监察，学校评审有监督）和五级反馈机制（个人反馈、家长反馈、辅导员反馈、校主管部门老师反馈、资助企业反馈），随时关注学生的学习、生活变化，充分调动寝室长、学生干部的积极性，发挥朋辈社会支持系统的力量。

（二）改进工作理念，坚持育人导向

将资助与育人工作紧密结合起来，以“精准资助”为中心，拓宽资助渠道，深化完善“奖、助、勤、贷、补、免”多元资助体系，丰富奖助项目层次，将资助育人融入思想道德教育、文化知识教育、社会实践教育等各环节，尽可能关注学生入学状况、学习过程、毕业去向，针对学生不同类别、不同年级、不同性别、不同民族和不同经济情况，提高资助育人成效。

（三）加强宣传教育，重视育人价值

大力宣传国家和学校资助政策及育人成效，激发受助学生奋发有为、自强拼搏、感恩奉献精神；深入开展“助学・筑梦・铸人”主题教育；深入挖掘、大力宣传受助学生典型，使家庭经济困难学生自强有榜样；开展优秀受助毕业学生成长报告会，传播“好声音”，传递“正能量”，努力开创资助育人工作新局面。

附件——W同学的感谢信

感谢信

致浙江旅游职业学院：

此时此刻，我怀着无比感恩的心情写下此封感谢信，首先，感谢党和学校对我的关怀与支持，感谢您们给予我在资金和学业上的帮助，您们的帮助使我在求学的道路上能更加安心地完成学业，也是您们把曙光和希望带到了我身旁，教会我用知识来改变未来的人生道路。

在学校的关怀帮助下，2021年1月我开始了在自主实习中创业，现任杭州市退役军人就业创业基地板块服务负责人，杭州援帅科技有限公司负责人，截至目前，累计服务退役军人1000人次，为进一步落实退役军人全生命周期服务，为退役军人创业就业贡献绵薄之力，是我现在每天为之努力奋斗的目标，也是我前进的不竭动力。

最后我再次由衷的感谢学校的栽培，感谢学校"七彩阳光助学计划"助我成长成才。我将常怀感恩之心，在自己的工作岗位上以一颗"螺丝钉"的精神，奉献自己，服务人民，一路阳光！

作文稿 20×20=400 页

W同学

2021年9月

专家点评

点评专家：徐峥，浙江旅游职业学院思想政治教育专业副教授。

资助是手段，目的在育人。大学阶段，是人生发展的重要时期，是世界观、人生观、价值观形成的关键时期，针对这样一类特殊的帮扶群体，作为高校辅导员，要将“育人和育心”工作相结合、推进保障性资助和发展性资助并举；要走进学生、亲近学生、了解学生、情系学生；要充分发挥国家、学校、社会各项保障性政策，为同学们免除忧虑；要关爱学生，暖心陪伴成长，用心破除学生自卑心理；要因材施教、精准施策，助力学生全面发展。每一只蝴蝶的“破茧”，都值得我们用真情守护。

作者简介

陈雪燕，女，浙江旅游职业学院厨艺学院辅导员。

走出自卑沼泽　重塑自我风采

高　晴

一、案例背景与概述

小佳（化名），男，大一时主动寻求心理中心帮助，经入校心理健康中心评估疑似抑郁障碍中度风险，诱发因素为人际关系以及两次高考失利，考入本校并非理想中学校，不愿融入当下环境，一度产生退学想法。该生纳入学院重点个案关注。辅导员结合学生特质，循序渐进，帮助小佳实现了正向转变，从一开始不愿意和别人交谈的“社恐”转变为与室友和谐相处、积极帮助老师、成功专升本并多次受邀分享经验的“社牛”，并获省政府奖学金等多项荣誉，搭建起自我成长的路线。

二、案例分析与应对

（一）案例定性分析

辅导员通过与学生本人、周围同学谈话，了解到小佳的主要问题如下：

1. 存在片面认知

自认为无法顺利交友的原因是性格内敛孤傲，不愿迎合无法与其思想共鸣的他人。

2. 遇事易持悲观态度

高考失利，内心缺乏自信。

3. 面临家庭学业双重压力

小佳家庭条件非常普通，两次高考让家庭面临经济压力，父亲对其期望很高，但小佳对目前学校和专业还未产生兴趣，对未来感到迷茫，失去交友动力。

4. 完美主义倾向

认为无法得到他人认可、无法实现家庭对自己的期待、无法去往理想的学校，觉得自己一无是处。

此外，小佳也有性情平和、总结归纳能力强、爱好学习、喜欢锻炼、自律等特质。

（二）案例应对

根据学生特质，辅导员以帮助小佳构建理性自我认知、找到适宜实践抓手、搭建全局发展路径为主要思路，以“霍桑效应”、理性情绪疗法为理论支撑，制定帮扶举措，主要表现为：

1. 保持每月 1 次观点交流，构建更为合理的思维方式

借助开学、期中、期末以及工作例会等，每月与小佳谈话 1 次，了解小佳近期的想法，以自身或他人事例为依据，在观点交流中，激励正向认知（如小佳善于总结、自律），引导认知转变（如高考失利不等于人生失败，完全有机会通过专升本进入理想学府；交友不是一味去迎合，而是通过展现自身特质吸引他人）。小佳逐渐健谈起来，自信心有所增强。

2. 在小佳担任副班长和寝室长期间提供指导、反馈和激励

作为副班长，小佳获得了班级同学的关注，这是难得的契机。辅导员定期找小佳了解班级情况，促使小佳与同学保持交流，以人为镜观照自身；指导小佳开展学风建设、阳光工程之星级寝室评比等活动，帮助小佳展现生活自律、知识涉猎广的特质；在团干考核后，为他分析各项考核得分情况，肯定小佳积极为班级同学服务的行为，转达班级同学对他的认可。在小佳带领下，他所在的寝室获得了学校的白金五星寝室。小佳表示，副班长和寝室长的工作对他而言是个重要的转折点。

3. 完善系列评价制度，联合班主任强调团结班风的重要性

在班团建设、评奖评优等评价指标中，集体团结与否、专业素养如何影响个人得分情况是重点内容。小佳的班主任与辅导员一起强调推进各方面工作。小佳所在的班级，校园活动、专业竞赛等参与率远高于其他班级，获得集体荣誉的数量同样远超其他班级，小佳也获得了省政府奖学金等荣誉。团结的班级，大家在合作中专注专业学习，这样的氛围使小佳更加珍惜与班级同学的关系，逐渐克服了对交友的悲观感，乐于为学弟学妹进行经验分享；对专业学习更加投入，最终明确自身方向，在师长朋辈的支持下，成功专升本，考入理想的学校。

三、案例反思与启示

（一）谈心谈话需守正创新

保持常态化关注时必须重视学生特质。不能一味告诉学生“标准答案”是什么，而应该根据青年特质，辅以稳定的交流、真实的举例，引导学生找到“最优解”是什么，引导他们构建理性自我认知，探索实现自我成长的抓手，助力实现“自己拯救自己”。

（二）支持体系需全面扎实

学生有了想法和实施计划，付诸行动后，辅导员要努力发挥自身能力、优势，支持学生的实践锻炼，更好地建立与集体、他人的联结关系，可以通过经验分享、技能培训、考核反馈等机制，整合各类资源，构建全面务实的支持体系，潜移默化。

（三）构建路径需着眼全局

要让学生“越来越好”，集体与环境的影响不可忽视。这就需要辅导员在工作中有全局意识、协同意识，联动班主任等思政力量，抓好学生骨干，完善工作制度机制，自上而下，打造具有组织力、生命力的集体，实现助人的增强回路。

专家点评

点评专家：刘颖，浙江旅游职业学院思想政治教育专业副教授。

考入非理想中的学府，这是许多学生面临的普遍性问题，由此引发的学生心理问题需要我们关注。在帮助这位学生解决问题时，有两个亮点值得我们学习：首先，辅导员通过常态化关注，重视学生特质，辅以稳定的交流，能够潜移默化改变学生的心态；其次，辅导员能够让学生建立与集体、他人的联结关系，强化学生的责任感和成就感，这在学生成长过程中尤为重要。通过增强内在的自信度，学生能够全方位接纳自己，从而发现更好的自己，也能顺利地在学业上更进一步。

作者简介

高晴，女，浙江旅游职业学院厨艺学院辅导员。

二、

聆听心声　浸润心灵

冰山一角下的暗流涌动

宁　静

一、案例背景与概述

小胡，女，大一学生，某天晚上十点突然请求添加辅导员微信好友，询问是否可以在学院微信群直接向辅导员咨询问题，并附上其与班长的聊天截图。班长认为本班同学的问题应先汇总到班长处，再由班长统一向辅导员咨询，小胡则认为其自由表达的权利受到限制，双方各执一词，在微信群里发生争执。辅导员意识到事情可能不简单，于是约小胡在宿舍楼下聊天。辅导员发现小胡情绪比较激动，生气、伤心、委屈、疲惫、疑惑。

经过谈心谈话，辅导员进一步了解到同学矛盾只是导致小胡情绪爆发的冰山一角，问题还有比较复杂的暗流。小胡来自外省单亲家庭，家庭经济条件较为困难，与父亲、奶奶一起生活，父亲几乎丧失劳动能力，全家仅靠奶奶微薄的收入支撑。小胡学习非常努力，但所选专业并不理想，不是自己最喜欢的专业，她有时候觉得压力较大，对未来比较迷茫。高中时有心理问题就医史，逻辑思维及表达能力非常突出，但有时会钻牛角尖，比较敏感，容易焦虑。

二、案例分析与应对

（一）问题关键点及解决思路

1. 情绪爆发

稳定情绪，建立信任，拉近彼此距离。

2. 同学矛盾

分别向小胡及班长了解矛盾发生的经过，不急于下谁对谁错的定论。

3. 隐形问题

深挖情绪爆发的原因，对症下药，分析、解决问题。

4. 持续跟进

后续跟进矛盾双方和解，持续关注小胡的学习、生活及心理状态。

（二）处理办法

1. 观察学生状态，以退为进

第一时间见面详聊，及时发现问题，准确研判问题性质，快速落实解决措施，把握时效性及有效性。面对面沟通过程中，辅导员直观地观察到该生情绪较为激动，语言表达方面言辞犀利。此时，谈心谈话以观察、倾听为主，必要时肯定学生的逻辑思维及语言表达能力。以退为进，转移尖锐矛盾点，稳定学生情绪的同时，突破学生的防备心理，逐步建立信任，将学生带入谈心谈话节奏，打开话匣子，敞开心扉。

2. 了解矛盾原委，不偏不倚

充分肯定学生合理的诉求和想法，但也明确表示须向双方了解情况后再下定论。引导学生转移关注点，抱怨吐槽只是一时的发泄，不利于解决问题，当下的情绪问题还需要自我调节。承诺如确实对方有错，会引导对方向其道歉。另外，事后及时向班长及班级同学了解情况，借助朋辈力量，客观理性地化解同学之间的矛盾。

3. 深挖隐形问题，对症下药

耐心沟通，与同学共情，通过分享个人经历引起学生共鸣，产生共同话题，拉近彼此距离，以此深入了解学生的日常学习、生活状态，多方位了解情绪爆发的隐性因素。关于家庭困难问题，鼓励其除申请助学金外争取奖学金、积极参加学校勤工助学。关于专业不理想问题，一方面，鼓励学生脚踏实地学好本专业，同时积极开展专升本学习，把握好再一次选择专业的机会；另一方面，耐心分享学习方法及经验，引导学生注重个人综合素质及能力培养，长远考虑未来职业发展，在本专业学习的基础上，有针对性地拓展目标职业技能及专业知识。关于心理问题，引导学生主动表达倾诉，积极融入寝室、班级、社团等集体，借助朋辈力量拥抱阳光，驱散阴霾。

4. 持续动态关注，整合资源

向矛盾的另一方了解情况，引导就不妥当之处向其道歉，化解矛盾。关注学生后续学习、生活、心理状态，整合家长、班主任、任课教师等资源，鼓励学生多与家人通话，以减轻思乡之情；落实助学金，解决经济困难；进行学业指导，明确学习方法及目标；进行阶段性谈心谈话、关注社交媒体账号内容，持续追踪动态。

三、案例反思与启示

（一）效果评估

小胡与班长二人握手言和，矛盾化解。小胡按计划积极投入新的学习生活，保质保量完成学习任务、积极主动参加社会实践活动的同时开始思考未来职业规划，化焦虑为动力；积极参与班级及学校活动，关注时事热点，热心建言献策；积极表达对家乡的思念，利用假期与家人团聚，充分享受家庭温暖；主动表达说“辅导员特别像自己的心理医生”，与辅导员建立信任关系并与辅导员保持一定频率的互动，积极寻求情绪出口。

（二）经验启示

1. 嗅觉敏锐，小事当大事做

学生之事无小事，关键信息藏于细微之处。当学生主动找到辅导员时，更要高度重视，预防问题严重化。这也需要在日常学生工作中，关注细节，做好每一件和学生相关的小事，全心全意以学生为本，对学生细心、热心、耐心、有爱心，充分了解每一个学生的特点，当出现反常情况时可以“精准把脉”，稳准狠解决问题。

2. 因材施教，点对点学业指导

整合班主任、辅导员、任课教师、朋辈资源，提供个性化学业指导。班主任、辅导员分阶段帮助分析专业优势及前景、挖掘个人优势及努力方向、分享学习方法及经验、引导思考职业规划、提供升学及就业信息等；任课老师制定个性化专业学习指导；开展优秀学长学姐学习方法和实习实践经验分享活动。

3. 春风化雨，重点关注有心理问题的学生

建立良好的沟通机制。辅导员要明确有心理状况的学生的情绪触发点往往不单一，需要耐心挖掘潜在的、多样的因素。沟通过程中要注意方式、方法，在信任的基础上，关爱育人，对问题学生予以充分的关怀与陪伴。另外，需做好家校联系，及时反馈学生近况，预防危机事件。

4. 凝聚力量，加强学生干部培养

发挥桥梁纽带作用。此次学生矛盾问题发生在班长与同学之间，侧面反映

出学生干部在学生工作中需注意方式、方法，也需具备处理危机事件的能力，应通过开展干部培训会、分享交流会、一对一“老带新”等形式提高学生干部的工作能力，充分发挥榜样带头及桥梁纽带作用。

专家点评

点评专家：王倩，杭州师范大学外国语学院党总支副书记。

本案例中的小胡因为和班长发生矛盾导致情绪爆发，辅导员通过深入了解情况，发现看似简单的矛盾只是冰山一角，其背后还有复杂人际关系、成长背景、个人学习、职业发展等方面的问题。在现实工作中，我们常常会发现一个学生的问题看似简单，其实隐藏着十分复杂的原因和背景。辅导员在处理学生矛盾时，要全面深入了解其背后的深层次原因，切实帮助学生找到解决困难和问题的方法，引导学生实现自我突破和成长。

作者简介

宁静，女，浙江旅游职业学院旅游外语学院辅导员。

真心助成长　用心献真情

梁迎娣

一、案例背景与概述

林某，大三学生，性格内向，成绩优异，一直立志于专升本。由于复习压力太大，导致长期失眠、焦虑、情绪不稳定，严重影响了正常的学习和生活。因为没能如愿考上本科，精神受到很大打击，情绪低落，对生活失去了信心，萌生了轻生的念头。辅导员针对这一情况，及时与心理中心老师对接，与家长沟通，积极对其进行思想引导和心理疏导，帮助她调整目标，权衡利弊，鼓励她在挫折中成长，学会面对与接纳。通过调整心理状态和职业方向，林某最终将失败的压力转换为成长的动力，成功成为一名小学老师。

二、案例分析与应对

此案例反映了大学生临近毕业面临升学等问题时，犹豫不决，心理压力大，情绪不稳定，经常出现自我认知偏差等问题，甚至有的学生在遇到挫折时出现了抑郁、焦虑等心理障碍，严重影响了大学生的身心健康。解决此问题的关键在于如何帮助大学生学会管理情绪和释放自己的心理压力，正确面对成长中遇到的困惑与矛盾，及时调整心态，提高抗挫折能力，从而拥有快乐和健康的生活。

三、解决思路与方案

（一）寻因——多次沟通，拉近距离，分析具体原因

在临近毕业的大学生群体中，类似于林某这样的案例其实有很多。但是我们要坚持一把钥匙开一把锁的方案，在共性中找到独特性。经过与林某的同学以及室友的交流，又经过一段时间的观察，我及时找到林某了解情况，发现她

很愿意吐露心声，分享心事，表达困扰。于是我选择先以一个倾听者的身份听她表述，让她把内心中的压力通过分享的方式释放出来。通过交流得知，林某一直以来很优秀，因此对自己期待较高，对于失利的现实难以接受，又由于临近毕业，对自己是否能够直面社会抱有怀疑态度；而父母一直以来对自己期望很高，担心自己没能达到他们对自己的期待而失望。

在与林某进行多次沟通和交流以后，我听取了学校心理健康咨询老师的意见，对她的想法和观点做出了梳理和总结，安慰林某“对于不屈不挠的人来说，没有失败这回事”，帮助她走出专升本失利的阴霾，顺利解开心结，重拾信心，重新出发。

（二）开导——安抚情绪，正向引导，认清客观现实

在林某的语言中，可以明显感到她的学习焦虑和对前景不明朗产生的不知所措，这是很常见的现象。身为一名辅导员，我应该对其进行思想引导和心理疏导，让她逐步放松心情，吐露心声，再与她商讨职业生涯规划的具体方向，并且利用这次失败激发其化压力为动力，培养其抗挫折能力。

她专升本失利很大一部分原因是没能正确认识自己并合理规划时间。随着考试迫在眉睫，心态开始动摇。因此，帮助她走出困境，用积极的态度去接受既定事实，再进行下一步的考虑，才是关键所在。

（三）明方——摆正方向，明确目标，全力复习备战

“把你培养好是我的问题，一定加油，成为人类灵魂的工程师，奉献社会，绽放最美的花，在快乐与微笑中成为最亮的星。”与林某进行一段时间的交流后，她逐渐摆脱了专升本失利对自己的影响，也做出成为教师的选择。正所谓“种树者必养其根，种德者必养其心”，从根处解决问题，从心里培养性情，心理上的疏导使得她重拾自信，把自己和家人给予她的压力转化为继续向前的动力，在几个月的时间里复习备考，林某最终考上了老家的小学老师编制。

（四）联动——保持沟通，家校协作，共建育人环境

我与林某的父母进行了沟通，进一步了解到林某的成长环境以及成长经历，同时希望林某的父母可以适当给予孩子一些压力，但不要过度严格要求孩子，多鼓励孩子，多倾听孩子的心声。

四、案例反思与启示

（一）全面掌握学生动态，及时发现问题

辅导员要经常深入学生中，特别是对单亲家庭、生活贫困，学业困难、近期家庭有重大变故的学生重点关注，及时了解学生的情绪变化，加强对毕业季、考试季等重要时间节点的关注，发现问题，及时处置，为学生的健康保驾护航。

（二）保持与家长沟通，掌握突发事件的深层诱因

与家长进行良好的沟通，可以帮助我们深层次了解学生的情况，找到解决问题的方法，避免走很多弯路，争取更多的时间。同时，及时与家长沟通，所采取的方式、方法也更能够被家长接受，形成共同育人的良好氛围。

（三）做好日常思想政治教育和心理健康教育工作

我们在日常工作中既要做好学生思想政治教育，也要关注学生的学业发展和身心健康。如今“00后”的孩子，大部分是独生子女，从小被父母保护得很好，成长过程中没有兄弟姐妹，难免娇气又略带倔强。要不断增强思想政治工作的有效性和针对性，建立亦师亦友的关系，用心用爱关注学生，拉近和学生的距离。

（四）提高自身素质能力

每一位辅导员都有自己带的班级，也都在担任班主任的角色，在给学生关爱、加强学生素质教育的同时，在繁杂的日常工作之余，要不断提高各方面素质和能力，特别是应急处突能力。

习近平总书记在纪念五四运动100周年大会上说：压力是青年成长的动力，而在青年成长的关键处、要紧时拉一把、帮一下，则可能是青年顶过压力、发展成才的重要支点。作为辅导员要牢记总书记的嘱托，引导并帮助大学生努力成为可堪大用、能担重任的栋梁之材。

专家点评

点评专家：吴佳佳，浙江旅游职业学院艺术学院党总支副书记。

在案例解决过程中，与学生多次沟通寻因——以“小温暖”抚慰“创伤”，共同商讨职业生涯规划的具体方向——以“小举措”传递“温暖”，持续关

心并进行心理疏导——以“小细节”彰显“关怀”，及时进行家校联系——以“小联动”实现“共筑”。我们要始终关心学生、关爱学生，既要做好学生的人生导师，也应成为学生的知心朋友。

作者简介

梁迎娣，女，浙江旅游职业学院艺术学院辅导员。

寻找光　发现光　散发光

夏希妹

一、案例背景与概述

小A，女，大一学生，空中乘务专业，高中时曾因情绪低落就医，诊断为抑郁症，医生建议药物治疗，但其母亲一度坚决拒绝并将药物藏起来，不让其服用。入学3个月以来，该生自感低落情绪再次加重，且因无法处理好人际关系感到自责，总是不自觉地落泪，觉得与周围的人格格不入，自己做什么事情都是错的。

二、案例分析与应对

（一）“你来请病假，我发现根本性问题”——发现与关注

12月13日，你来请病假要去医院治疗脸上的痘痘。交谈中，我发现你情绪低落。安慰了几句，你忽然情绪崩溃，大哭着说：“我总是忍不住想哭，但我妈认为我矫情，怪我想太多，但我知道我有心理问题，可妈妈不让我吃药治疗。”

小技巧：面对请假学生，做个细心人，多问几句怎么了，察觉学生状态。

（二）“你要倾诉，我耐心听”——建立关系与初次评估

12月13日，你大哭时，我把你带到心理咨询室。在我的引导下，你花了半小时让自己情绪平复下来，这期间，我默默地陪着你，给你倒了杯温水。待你情绪稳定后，我帮你澄清观点：“我自己也不想故意这样，这不是我的错，是抑郁让我有这样的表现，不是我在作。我也想看心理医生，想让自己好起来，我想要妈妈支持我。”

小技巧：先共情，建立信任关系，有利于收集信息进行心理评估、判断风险。

（三）“妈妈不理解你，我来帮你”——家校联系

12月15日，你妈妈终于来校了。我向她讲述了你的近况，她的不理解给你带来的伤害以及可能存在的风险。你妈妈同意陪你去看心理医生。当天医院确诊“抑郁状态”，医生建议服药。因为担心药物的不良反应用，你请假两周回家调理。

小技巧：建立家校联系，形成合力，确保安全。

（四）“坚持吃药，定期复查”——动态跟踪、按时复查

12月30日，你返校考试，来找我诉说：“还是会无缘无故地难过，但是吃药能控制住。”我叮嘱你一定要按期复查，谨遵医嘱服药。随后，每隔半个月，我会问下你和你妈妈，有没有按时复查。

小技巧：虽然抗抑郁药物不良反应比较大，但一定不能擅自停药或改变药量。

（五）“不想活了，我的人生没有光”——化解危机

3月10日，因为疫情原因，你居家隔离，其间，因为跟妈妈发生了点不愉快，你情绪再度崩溃，甚至想到自杀。我打语音电话开导你的同时，发了文字信息给你妈妈和相关领导。随后，你入院治疗。

小技巧：安全第一，出现危机，及时上报，同时动员多方力量，确保学生人身安全。

（六）“我想出国读书”——指导做出理性选择

6月14日，你来找我，告诉我你打算出国了，读市场营销专业，你说会爱惜自己的生命，无论妈妈支持与否，都会按时复查，按时吃药，好好活着。我再次跟你妈妈联系，确认了你退学的想法，叮嘱她做好看护。

（七）“我在国外很好，想你了”——收获成长

一年后，你给我发来了在国外学习的照片，我看到你眼睛里有光的样子，似乎比从前开朗了很多。你说每每不开心的时候就会想起我，感谢我之前的陪伴，你说会好好听我的话，按期看医生，谨遵医嘱。

小技巧：用心用情，收获雨过天晴的快乐和成长。

三、案例反思与启示

（一）树立以人为本的理念，解决关键性问题

心理健康教育不能就心理问题而谈心理问题，不能仅仅停留在解决学生的心理问题上。针对小 A，进一步深层次的交流中我发现，她缺乏一定的人际沟通技巧，对所学专业的了解也不全面，进而过分担忧未来的职业规划问题。因而在进一步接触中，我又针对这些问题对她进行了深入辅导。

（二）家校联系，形成育人合力

目前从高校心理工作实际来看，有严重心理问题的学生很有可能跟他的家庭系统有关。有些家长了解自己孩子的情况，但是不愿意让老师知晓；有些家长不了解自己孩子的现状，对孩子已经出现的心理问题一概不知且不重视问题的严重性；甚至有些家长发现孩子行为有异常，仍然拒绝带孩子接受专业治疗，拒绝承认孩子有心理问题。因此，在日常工作中，辅导员要加强与家长的联系，晓之以理，动之以情。

专家点评

点评专家：吴佳佳，浙江旅游职业学院艺术学院党总支副书记。

心理危机干预是日常学生思想政治教育工作的重要组成部分，关乎学生个人的身心健康和学校整体发展的和谐稳定。在此次事件中，辅导员能做到及时发现，快速联系家长，做到学校、家长、学生合力解决问题，不只是危机的解除，更重要的是实现心理危机向教育契机的转化，使学生从困惑中一步步走出来，拥抱崭新的生活。

作者简介

夏希姝，女，浙江旅游职业艺术学院辅导员。

爱之密语：当好青春领路人

顾文兵

一、案例背景与概述

小雨同学在刚入学的时候，性格比较开朗，学习成绩处于中游，喜欢唱歌和竞技摩托。大一下学期，小雨同学和学校一名女同学谈起了恋爱，恋爱期间两人保持着不错的关系，接近期末的时候，女生向小雨提出了分手，小雨当场表示同意。但是当晚，小雨就在寝室内喝得酩酊大醉，之后的日子里他也一直郁郁寡欢，学期末有多门课程不及格，学习成绩退步到班级后几位。

二、案例分析与应对

（一）案例定性分析

此案例反映的是学生恋爱受挫问题，以及因此而导致的学习成绩下降等相关问题。

（二）问题关键点

（1）如何帮助小雨同学走出恋爱困境，处理好恋爱与学业的关系，重回正常学习生活状态。

（2）如何引导小雨树立正确的恋爱交友观，回归正确的成长轨道。

（三）解决思路和实施办法

1. 主动约谈，建立师生信任的基础

在发现小雨学业成绩落后的情况后，辅导员主动询问关心其学业发展情况，并与他沟通约定具体的谈话时间和地点。在与小雨的谈话过程中，辅导员采用开放式提问的方式引导小雨说出影响他学习成绩的具体因素。其间，通过点头示意等方式传递老师对他陈述的尊重，并表示出老师对他学业滑坡的关心和重视。尽力缓解小雨因为失恋使学业课程不及格而担心被责骂的害怕心理，让小雨感觉到老师的诚心和对自己学业的关心，确立基本的信任关系。

2. 敏锐观察，引导正确的恋爱观念

在与小雨交流过程中，辅导员时刻注意他表情的细微变化。当其情绪失控或悲伤时及时给予正面的安抚，晓之以理，动之以情，平复其内心的不安。并理性、耐心地与其探讨和交流，使其明白恋爱不是生活的全部，除了爱情之外，还有亲情、同窗情谊等。同时，需正视失恋情绪导致的学业滑坡问题，进一步引导小雨正确处理好学业与恋爱之间的关系。

3. 制订计划，做好职业生涯规划

针对小雨对唱歌饶有兴趣这一情况，辅导员鼓励小雨报名参加了学校举办的校园“十佳歌手”比赛，与其保持密切联系，帮助小雨克服比赛过程中出现的问题。最终，小雨在校园“十佳歌手”比赛中荣获三等奖。在这之后，小雨越来越热衷于参加校内外各项文体活动，精神面貌焕然一新。通过引导小雨参加校园文化活动，一方面可以减少他的孤独感，另一方面可以提升他的综合素质。在此过程中首先是让小雨明确自我定位和竞争优势，其次是帮助其制定好职业目标。通过短、中、长期的目标导向引领，助其走出失恋困境，重回正常的成长轨道。

三、案例反思与启示

（一）爱之密语一：正视现实

案例中小雨的失恋之苦在于一个“恋”字，爱情是双向、相互的，以双方的爱情为基础，失去任何一方，爱情就失去了平衡，恋爱即告终止。这时失恋的一方无论对另一方爱得有多深，都是不现实的，作为理智的大学生应该正视这一现实，端正恋爱观。

（二）爱之密语二：情境转移

案例中，小雨之所以难以摆脱失恋的困扰，一方面，在于生活的方方面面都与昔日的恋人有着千丝万缕的联系，所以要想摆脱失恋的痛苦，就要把自己置身于一个崭新的环境中去。如多交一些朋友、多参加校园文化活动等，这样有助于心情的开阔。另一方面，是失恋后有一种空虚感，暂时难以适应，可以用学习或其他方法来充实自己，使自己没有空余的时间胡思乱想。

（三）爱之密语三：提炼升华

当发现学生有失恋倾向后，辅导员要尽快引导学生把失恋升华为一种奋发向上的动力，尽快投入到学习中去。切不可让学生因失恋而一蹶不振，认为生活、人生都失去了意义。同时，要让学生理解恋爱是生活的重要组成部分，但不是生活的全部。要正确看待爱情，摆正爱情的位置，处理好爱情与学习、爱情与人生、爱情与婚姻的关系。

专家点评

点评专家：陆书，浙江旅游职业学院艺术学院党总支书记。

如何正确处理好恋爱、学业、事业三者之间的关系，是学生常见的恋爱心理问题。尤其是失恋的挫折会严重影响学生的心理、生活和正常学习活动。作者能努力地寻求积极的交往方式和合适的解决方法，帮助学生学会应对和调适恋爱中的挫折和坎坷，培养和提高爱的能力，拥有健康的恋爱心理，树立正确的恋爱观，是一个具有广泛意义的典型案例。

作者简介

顾文兵，男，浙江旅游职业学院艺术学院辅导员。

心若有光　花自芬芳

张　军

一、案例的背景与概述

学生 A，女，21 岁，大学一年级学生，入学以来该生在生活、学习等各方面表现良好，成绩优异，新生入学心理筛查时显示她存在抑郁症状，被列为心理高度关注对象，心理辅导员会不定期约谈该生了解近况。大一下学期，该生主动预约心理健康中心寻求帮助，自述心理压力很大，爸妈离异，外公已去世，妈妈和外婆都很强势且两人矛盾冲突较大，大姨因患有精神疾病长期服药，家里人都比较关照大姨，剥夺了本来属于自己的爱。高中以来交往过四任男友，男友和自己的关系若即若离，每段感情自己都感觉很累。她对于现在交往的男友要求很高，担心他会和前三任男友一样最终会离开自己，同时，也会因为男友忽视自己的感受而非常生气，甚至有自残的想法和冲动。

二、案例分析与应对

（一）案例定性分析

导致学生 A 出现这种现状的原因是多种因素共同作用的结果。首先，家庭因素是造成该生心理问题的基础；其次，缺乏社会支持是造成该生心理问题的推手；最后，向往恋爱给自己带来精神慰藉，前三段恋爱让求助者很受伤，因此，对目前的男友也缺乏信心。通过该生在此事件中的表现，初步判断该生为中度抑郁。

（二）问题关键点

（1）家庭关系。

（2）两性情感关系。

（3）缺乏社会支持。

（三）解决思路和实施办法

1. 适当安抚，给予关怀

在充分了解该生目前的状况后，辅导员第一时间内约谈该生，倾听该生的真实感受和想法，充分运用尊重和共情的技术，引导学生A宣泄自己的情绪，并给予情感上的安抚，让该生感受到温暖。

2. 及时就医，控制病情

考虑到该生存在中度抑郁情绪，如不及时接受药物治疗的话，抑郁情绪很难得到控制，甚至会导致该生在抑郁发作时做出伤害自身的行为，在与该生建立了信任关系后，辅导员动员该生去医院就诊，并遵医嘱服药。

3. 家校联系，形成合力

将学生A目前的情况告知家长，将A同学的现状，问题的诱发因素，任由心理问题持续发展可能会出现的严重后果以及解决方案告知家长，家长和学校是当前帮助学生渡过难关的关键，希望家长能够主动关心孩子，通过打电话、视频聊天的方式和孩子聊天、谈心，给予其亲情的温暖，增强其家庭归属感。

4. 心理疏导，缓解压力

在和该生交流的时候，分析心理抑郁产生的诱因，讲解抑郁情绪长期得不到缓解的不良影响，建议该生每周预约一次心理咨询并根据咨询师的要求不断缓解自身的抑郁情绪。

5. 朋辈关怀，加强互动

为强化谈心辅导的效果，应充分发挥班干部、室友、好友等朋辈作用，关怀学生A生活中的点点滴滴，带给该生集体的温暖，在互动中给予学生支持与信心。

三、案例反思与启示

做学生的人生导师和心理成长导师。作为辅导员要加强与大学生的交流，及时了解学生的心理状况，重视大学生心理健康教育，对学生进行疏导，提供有针对性的帮助，帮助其树立正确的应对病情的心理和态度。

全方面掌握学生的基本情况。作为辅导员，需要经常深入学生寝室、课堂，也要通过QQ、微信、微博、短视频等媒介密切关注学生动态；除此之外，注重学生骨干及班委的作用，构建畅通的信息交流和信息反馈渠道，做到信息及时上报，实时掌握学生的思想动态。

强化学生心理承受能力。学校应关注和重视大学新生的心理状况，充分发挥心理健康教育课程中心理育人的作用，开展丰富多彩的心理活动实践，不断提升学生心理素质，建立校园内社会系统，提高学生面对突发应急事件的心理承受能力。

建立完善的心理关怀制度。对心理普查和心理排查的关注名单进行高度、中度、一般三类关怀，建立完整的工作台账，定期了解学生的心理发展状况，对于自杀风险性高的学生和处于心理危机的学生要加强家校联系，共同帮扶学生心理成长。

专家点评

点评专家：汪亮，浙江旅游职业学院工商管理学院党总支副书记。

当代社会，心理问题越来越低龄化、普遍化。对高校辅导员来说，如何帮助学生走出心理问题的困境，如何帮助学生调解好学习、生活、治疗等过程中的矛盾尤为重要。本案例中，作者通过适当安抚、及时就医、家校联系、心理疏导，朋辈关怀这五个步骤的工作法，很好地平衡了学习、生活、治疗之间的关系，让学生得到来自学校、家庭、老师、同伴的多方面关心和照顾，尽早走出心理阴霾。

作者简介

张军，男，浙江旅游职业学院工商管理学院辅导员。

职“芽”+心“芽”=职业“生芽”

谢建颐

一、案例背景与概述

学生A是大数据与会计专业的学生，学习成绩中等。其父亲经商，母亲为家庭主妇。平时多由母亲对其进行照顾，处于溺爱环境，学生A接触社会机会不多，成长过程一帆风顺。参加毕业实习，应聘到某会计师事务所，担任助理会计工作。刚参加工作时，工作热情较高，积极表现。一周前因工作失误受到部门领导严厉批评，自尊心受到极大伤害，感觉领导歧视自己。平时身边同事也都忙于自己的工作，向他们请教，他们总是不爱搭理，和学校学习环境大相径庭。领导和同事的文化水平并不高，但讲究人情世故。故此，学生认为这家公司企业管理水平不高，感觉前途一片黑暗，个人发展无望，不想继续实习。与此同时，实习期间由于和女朋友聚少离多濒临分手。该同学觉得自己一事无成，身边人都在嘲笑自己，愧对父母，这种心理负担加剧了他的焦虑症状。如今，学生A情绪很低落，有时思维难以集中，并且感觉胸闷、身体疲惫，食欲不振，工作能力减退，不爱接触同事，对未来没有信心，空虚、无助。

二、案例分析与应对

（一）案例定性分析

大学生毕业后，在实现从大学生角色到职业人角色的转换过程中，由于受到主、客观因素的影响，许多大学生在入职初期都会遭遇到角色转换困境，严重影响到他们能否实现顺利就业。除此之外，目前大学生对恋爱理解不够，导致无法直接面对恋爱中出现的问题。当前角色转变、恋爱导向、家庭关系等成为大学毕业生必须考虑的现实而紧迫的问题。

（二）问题关键点

初入职场的大学毕业生由于受到社会因素、家庭因素、业务能力、心理认知等因素的影响，往往容易在角色适应及心理状态上出现困境。

（1）两性情感关系。

（2）存在自卑、焦虑心理。

（3）社会支持不完善。

（三）解决思路和实施办法

1. 加强角色教育，消解角色认知困境

结合大学生特点和全面发展需要，从职业角色规范和职业角色行为两个方面对学生 A 开展角色认知教育，引导学生 A 正确对待职业角色规范和职业角色行为，正确领悟社会和用人单位对大学毕业生的角色要求和角色期待，帮助他调整个人需求结构，消除社会需要与自我价值期待之间的冲突，做新时代大学生。

2. 加强素质培养，消解职业素质困境

引导学生 A 认真学习，运用职业规划设计未来的职业与人生发展方向，充分认识自己的个性、气质、能力、职业兴趣、职业价值观和职业发展目标等。最后，引导他积极参与专业知识、专业技能和各种职业素质教育活动，加强“职业形象、职业知识、职业行为和职业技能”等显性职业素质和“职业道德、职业意识、职业态度、职业作风”等隐性职业素质的修炼。

3. 寻求多方资源，化解心理危机

在分析其求职受挫、求职焦虑、恋爱失利的本质原因后，辅导员在肯定成绩同时，对其所遭遇的失败进行“合理化”解释，纠正不恰当的就业观和恋爱心理。在求职受挫后，他在情感上也受到严重影响，究其原因为学生 A 在失败的情绪中不能自拔，越想越难受，越想越焦虑。可建议他去爬山或打球，在宣泄情绪的同时转移其注意力，减少求职失败的自我负强化机会。最后，寻求专业心理咨询师的帮助。

4. 提高人际交往能力，引导学生向阳生长

召开线上班会，向实习同学讲授人际交往的理论、方法、技巧等内容，帮助实习学生树立正确的人际交往理念、方法，修正不良的人际交往行为习惯；指导学生掌握并灵活运用“学会尊重人、关心人”“正确认识自己和他人”“诚

恳待人，坦诚交流”“保持自己的个性，相互尊重，求同存异”“掌握交谈艺术，多和别人交流思想”等人际交往技巧，正确处理人际关系，树立正确恋爱观。

5. 开展线上“职业生涯”主题微课，树立就业自信

职业生涯人物访谈是向实际从事某一职业的人了解该职业的技能要求及生涯发展通道。给学生 A 布置任务，对单位的前辈进行职业生涯人物访谈或联系其他已经毕业的成功学员进行职业生涯访谈，并进行线上微课总结。通过访谈了解会计工作人员在具体工作中需要具备哪些技能和综合能力，他们的职业生涯发展通道有哪些，这些人在达到现在成就之前都经历过哪些挫折和困惑，他们是如何通过各种途径获得现在的成绩的。通过访谈及具体案例不仅能够增加他的信心，还能使他明白职业生涯的发展是伴随着内职业生涯发展不断前进的。

三、案例反思与启示

（一）大学生就业问题是当前高校的大难题

大学生择业观、职业道德、就业心理素质等问题是思想政治教育的一部分，高校辅导员应与时俱进，积极了解因大学生就业问题而引发的思想政治教育的新特点和新规律，寻求新的有效内容、途径和方法，把思想政治教育渗透到大学生就业工作中去，增强思想政治教育的针对性和时效性。

（二）辅导员老师应不断提升自我素质，真正成为大学生职业生涯的指导师

辅导员老师可以把平常收集到的有关就业、心理健康等方面的知识通过微课、微视频、新媒体等方式呈现给所有学生，辅导员老师还可以依托浙江省高校网络思政工作平台以面谈或线上谈话形式记录并归纳学生在求职路上遇到的问题，总结提高就业指导工作效率。除此之外，需要对学生的就业心理、恋爱观等进行辅助引导，稳定他们的情绪，让他们向阳成长。

专家点评：

点评专家：汪亮，浙江旅游职业学院工商管理学院党总支副书记。

在毕业季出现生涯迷茫是大学生都会经历的一个过程。本案例中，作者通过谈心谈话的方式对学生 A 开展认知教育，重新认识专业，增强沟通交际能

力，端正恋爱价值观，重树生涯自信，帮助学生A走出职业迷茫期。在此基础上，建议作者还可以尝试正向引导，让学生A自我发掘实习期内做得最好、最满意以及领导同事最认可的事例，以增加其实习就业的信心，更能帮助学生A走出困境。

作者简介：

谢建颐，女，浙江旅游职业学院工商管理学院辅导员。

用爱挽救生命　用心筑梦向前

张彩娟

一、案例概述

A 同学刚入学便自述，高中时患有抑郁症，曾多次产生轻生念头，胳膊上有多处自杀时留下的疤痕，目前在吃药维持。了解情况后，辅导员迅速对她进行备案，告知领导，并与其父母取得联系了解实情，又与其班长、心理委员及舍友约谈，了解 A 同学在同辈群体中的给人留下的印象与近期状态，他们整体觉得 A 同学非常热心、开朗。不过班长反映，她没和班级同学一起住，且爱戴墨镜，有时给人一种生人勿近的感觉。直到十一假期，A 同学在家与妈妈起了冲突，吃了安眠药自杀，幸亏其父及时发现。学校决定在 A 同学返校后，让其家人带她再去精神卫生中心进行鉴定。家人同意，并带她到指定医院鉴定，其自身也愿意接受诊断。经诊断显示其并未患抑郁症，可正常学习。就此 A 同学逐渐觉得自己没病，后又与其谈了几次话，发现 A 同学提及自己有病的话语逐渐减少，学业成绩非常不错，很多同班同学都觉得她有才华，在演讲平台的表现也较为拔尖。

二、案例定性分析与应对

（一）案例定性

该学生高中时就多次出现自杀行为，且与母亲冲突后，吃安眠药自杀！因此，该案例可判定为疑似抑郁症，如果不好好引导，会演变为心理危机。

（二）问题关键点

（1）该生高中时是否经专业医疗机构判定为抑郁症？

（2）该生的家庭环境如何，与父母之间处于怎样的关系？

（3）叮嘱该生及家长及时转介，就医诊断。

三、解决思路和实施办法

（一）尝试与抑郁学生深谈，了解其情绪状态

案例中，当A同学向笔者诉说其患有抑郁症时，笔者着实内心一颤，但考虑到要了解事情的全部，故并未表现出诧异，而表示理解，为的是能与学生达成共情，从而通过聊天慢慢了解A同学产生抑郁情绪的开端时间、终极行为及目前对自己的认同与对周围环境的感知，初步判断了其情绪状况。

（二）及时向上级汇报实况，以做妥善处理

案例中，在A同学向笔者坦白自己的抑郁情况后，笔者便及时向领导备案，上级问清事实后，告知接下来要与家长确认，同时约谈班委及舍友，并做好保密工作，加紧关注，以更宽范围观察该生。总之，对于职场小白，初次遇到这种状况的我着实不知如何处理。向上级汇报，学校会做应激方案，指导做出恰当的处理，不至于事情发生得太突然而不知所措。

（三）与父母同学取得联系，全面了解问题所在

案例中，通过与A同学的爸爸联系，得知她是独生女，小学时由爷爷奶奶抚养。初中后，A同学被接到父母身边，但与母亲关系不融洽。高中时成绩一直很好，高考失利对她打击挺大。同时，笔者又联系了班长、心理委员及其舍友，他们都觉得A同学特别爱笑，但班长反映，她爱戴墨镜，有种防备感。从父母与同辈群体入手，则从侧面与他人的目光中聚焦学生的行为细节，也能更清楚地了解学生会有怎样的过激行为，对采取下一步的做法提供思路。

（四）引导学生做心理咨询，预约心理教师

鉴于学校设有专门的心理咨询教师，为帮助学生更好地缓解思想压力，问学生是否愿意与心理咨询师交流。案例中，A同学很乐意。在征求同意后，笔者便与校心理咨询教师预约时间。具有专业水准的心理咨询教师通过与学生深度约谈，则从学生的微表情、反应等潜意识中挖掘到更多有效信息，发现更深层的问题，可有针对性地进行正向积极的催化，为教师和家长提出建设性意见。

（五）要求监护人尽快到校，带学生去诊断

为了学生的心理健康及让家长放心，根据上级讨论意见及学校规定，笔者将抑郁症对学生的危害向其家长解释，并建议家长尽快赶到学校，带着学生去上海市精神卫生中心去进行诊断，A同学家长配合学校，按照指定时间带学生

去医院做了心理诊断。

（六）根据学生心理诊断书，家校协商结果

A同学在其家长陪同下去某精神卫生中心进行了心理测评，心理测评书显示该生一切正常，无抑郁倾向。看到这个结果，学生和家长都放心了，学校领导也表示家校要紧密联系，以确保学生的健康与全面发展。

（七）长期追踪抑郁学生，全面心理建设

虽诊断结果显示无抑郁倾向，但为防止潜在的心理危机，仍不能松懈对此类学生的关注。因此，笔者便让她的舍友、关系亲密的同学、心理委员及班长着重默默关注该学生的行为，不可外传，多带动她参与班级及社团活动，体会同学间的友爱，感受温暖。同时，与家长密切联系了解状况，并经常与她约谈，鼓励她打开心扉，热爱生活，输入正能量。

三、案例反思与启示

（一）辅导员应具备心理学知识，鼓励学生常与辅导员谈心

在日常事务管理工作中，要鼓励学生把辅导员看作能够说知心话的伙伴，信任辅导员可以帮助他们解决一些棘手的问题。与此同时，辅导员也理应主动修炼自身的综合素质，学习心理学的基础知识，掌握心理辅导的运用技巧。以使辅导员能在面对存在问题的学生时，给予有效的心理调解。

（二）入学心理测试应尽快反馈，提供需要关注的学生名单

一般来说，新生入学第二天就会进行心理测试，为方便尽快排查出有心理问题的学生，以作重点关注对象。为此，学校相关部门应在一周内整理出心理测试的结果，并把需要重点关注和积极关注的同学筛选出来统一发给辅导员，这样利于辅导员尽早了解学生状态，采取相对应的措施。

（三）健全心理教育课程与团辅，以实现课程育人正向管教

学校可开发并设置更加完备的心理健康教育课程，将其作为一门公共必修课，让学校全体学生都可参与学习。且要革新心理健康教育类型，既可用实际案例分析，也可激励学生现身说法、组织团辅，或聘请心理咨询范畴的专家学者为学生设立心理健康方面的讲坛，让学生深刻领悟心理健康的重要价值。

（四）多角度关注有心理问题的学生，发挥班集体凝聚互助作用

辅导员可借助微信、QQ等平台及心理咨询室等，或开展班会，面对面谈心，对学生进行心理辅导。由于辅导员面对的是一个年级的学生，因而不能无时无刻地关注每位学生的心理变化，辅导员可充分运用班委、园区管委等，创建学生信息员制度，各班、各宿舍均遴选出乐观热心的同学担任信息员，协助心理委员等干部，发挥班集体及朋辈群体的互助作用。

（五）第一时间向学校领导报备，及时寻求心理教师的帮助

在发现问题学生后，为避免突发状况发生时，个人与学校无所适从，应第一时间将问题上报给上级领导备案。且辅导员在发现学生抑郁问题比较严重时，要及时向专业心理教师求助，征求学生同意后，立即预约心理咨询教师，带学生就医，使问题得到妥善解决。

（六）家长和学校需要紧密合作，建立三层级心理教育体系

大学生心理问题的有效解决，离不开学生家长和亲人的参与支持。故辅导员要与学生监护人搭建有效的沟通机制，一方面是为了告知他们孩子的情况，另一方面也为了家校合作，核实并深入了解学生的情况，共同想办法。在学校层面，应构架心理健康辅导与咨询中心及心理教育委员会的工作体系，从机构设置上健全学生心理健康教育工作，切实提高学生的自我调节能力。

专家点评

点评专家：徐洁，浙江旅游职业学院工商管理学院党总支副书记。

抑郁症是大学生心理疾病中最常见的类型，会损害认知功能、社交功能与身体健康。如不及时干预，心理问题也易发展成抑郁症。作者能运用基本的心理学知识和方法，全面了解A同学的心理状态、家庭关系、社会关系及心理疾病史，并积极寻求转介帮助，通过学校领导、心理健康中心、家长、辅导员、班级同学各方合力协商解决问题、长期跟踪关注，预防危机事件的发生。

作者简介

张彩娟，女，浙江旅游职业学院工商管理学院辅导员。

消除焦虑　理性追星　重塑自我

王小飞

一、案例背景与概述

学生小 A，女，20 岁，自入学以来在生活、学习等各方面表现良好，心理健康测试筛查也显示正常。受疫情影响，学校响应“停课不停学”的号召，组织学生在家上网课。网课期间，该生无故缺课 3 次。辅导员与其电话沟通时，发现该生不愿说话，且说话有气无力。经过进一步了解，该生家境贫寒，父母长期在外打工，寒假期间她与奶奶和弟弟一起生活，奶奶年事已高，弟弟还患有心脏病，家里的大事小事都要小 A 操心。长时间待在家中导致其焦虑、烦躁。同时，小 A 最喜欢的某个男明星在一档综艺节目中与女嘉宾组 CP，小 A 接受不了，深受刺激，觉得世界上没有人在意她的感受，没人关心她，于是开始对生活充满了绝望，意志消沉，情绪低落，无心上课，还一度想私自返校。

二、案例分析与应对

（一）案例定性分析

此案例反映的是学生因家庭因素、过度追星以及疫情期间长期居家导致的心理异常问题。

（二）问题关键点

一是如何缓解来自家庭的压力。二是如何引导小 A 理性追星。

（三）解决思路和实施办法

1. 了解情况，主动给予关怀

发现小 A 有旷课的情况后，辅导员主动通过电话询问，关心其学习情况。在与小 A 打电话的过程中，辅导员认真倾听小 A 本人对旷课原因的解释。并表示无论身在何处，老师都十分关心和重视她的学习，让她感觉到老师的诚心和对自己学业的关心，确立基本的信任关系。

2. 联系家长，加强必要干预

将小 A 目前的情况告知家长，询问家长是否和学生经常取得联系，是否了解学生近期的状态。希望家长在外上班期间也能多方面关心孩子，通过打电话、视频聊天的方式和孩子谈心，给予其亲情的温暖，增强家庭的归属感，缓解来自家庭的压力。

3. 适当安抚，平复焦虑情绪

告诉学生 A，疫情防控期间，为了每个人的生命健康和安全，全国各地的大学生都在家里上网课，未接到学校通知前是不能返校的，在这个超长的寒假里，可以提升自己的综合素质与能力。用真诚和爱心给予温馨的关怀，引导调适心态，建立自信，重塑自我，形成健康的、积极上进的学业发展观。

4. 耐心引导，树立正确追星观

对于追星，向小 A 表示可以理解，但正确地追星是理性分析偶像哪些行为是值得我们学习的，哪些是不适合自己的。实现人生价值的方式有很多，不能过度地把注意力放在追星上。作为学生，除了追星，我们要把主要时间与精力花在学业上和培养自己的兴趣特长上，全方位提升自己才是最有意义的事情。另外，明星的商业活动及综艺活动很多，我们可以去关注，但不能对号入座，不能因为偶像组 CP 这样的事情影响我们的现实生活，毕竟那是他的生活，不是你自己的生活。我们可以把偶像当作自己奋斗的动力，从偶像身上汲取正能量。

三、案例反思与启示

（一）疫情防控常态化背景下，要不断加强大学生心理疏导

在疫情防控期间，大学生的心理健康教育非常重要，身心健康是学业发展的基础。由于疫情暴发迅速，学生刷手机时会看到有关疫情的各种负面信息，不可避免地导致大学生出现对疾病的恐慌和害怕的感觉。对此，作为辅导员要加强与大学生的交流，及时了解学生的心理状况，对学生进行疏导，提供针对性的帮助，帮助其建立正确的应对疫情的心态。

（二）互联网时代，要不断增强数字素养，运用新媒体、新技术了解学生情况

作为辅导员，除了经常深入学生寝室、教室、实验室外，还要通过QQ、微信、微博、短视频等媒介密切关注学生动态，注重发挥学生骨干及班委的作用，构建畅通的信息交流和信息反馈渠道，做到有问题及时上报，实时掌握学生思想动态。

专家点评

点评专家：王庆华，浙江旅游职业学院千岛湖校区党总支书记。

学校应关注和重视疫情防控常态化背景下大学生的心理状况，重视提升大学生的心理素质，减轻学生因疫情产生的迷惘、恐慌和无助心态，及时对有心理障碍的大学生进行针对性心理调适。学校需加强相关卫生知识的宣传教育，完善学校和社会支持系统，注重学生个体心理素质的培养，提高其抗挫折能力。同时，高校辅导员对于追星的学生，应当正确引导，培养学生正确的世界观、人生观、价值观、爱情观。大学生的追星方式变了，辅导员也应该与时俱进，了解大学生的追星心态和方式，给予大学生正确的建议，让大学生不在追星的过程中迷失自己。

作者简介

王小飞，女，浙江旅游职业学院千岛湖国际酒店管理学院辅导员。

润物无声　用心用情陪伴学生走向阳光

方玉棋

一、案例背景与概述

小 Y，大一女生，长相乖巧文静，不爱说话。据同学反馈，新生入学后，她经常情绪低落，脸色苍白，甚至暴瘦十几斤；在军训期间因为被教官责罚一直哭泣，平时也经常以身体不适为由宅在寝室。辅导员感觉异常，找她谈心，发现她有轻生的念头。经了解，小 Y 从小被父亲抛弃，由母亲一人带大，母亲负担很重，经常抱怨，且掌控欲强，一有不顺心的事就会把气发泄到小 Y 身上。小 Y 高中时交了一个男朋友，但是因考上了不同的大学，上大学之后其男友又结交了新欢，向小 Y 提出分手。

二、案例分析与应对

（一）案例定性分析

这是一起学生因为原生家庭和恋情受挫导致的心理失衡、情绪波动的安全稳定事件。案例中，小 Y 正处于大学新生心理适应期，又遭遇了失恋，自我效能降低从而产生自我封闭，甚至有轻生的念头。

（二）问题关键点

小 Y 经常独自在宿舍，不爱与他人交流，结合近期的情况，基本可以判断学生藏有心事。透过这些现象，可以看到问题的关键点在于：

（1）如何帮助小 Y 调节心理状态，回归正常的校园生活。

（2）如何安抚并帮助小 Y 重新确立正确的恋爱观。

（3）如何帮助小 Y 逐步改善她的家庭关系和寝室关系。

（三）解决思路和实施办法

1. 谈心谈话，寻找症结

心中藏事的学生往往戒备心理很重，辅导员要以诚待人、以情动人，以关心其身体健康为切入点，慢慢鼓励学生主动敞开心扉。小 Y 自小被父亲抛弃，跟随妈妈颠沛流离，妈妈负担很重，爱抱怨且掌控欲很强，一不顺心就会把气撒在小 Y 身上。小 Y 一方面非常懂事，很体谅妈妈的辛劳，另一方面又觉得是自己拖累了妈妈，非常自责，没有安全感，在家里一直处于谨小慎微的状态。在高中，她遇到一个男孩子非常关心她，很快两个人就走到了一起，因为原生家庭的问题，她在感情中非常自卑。高中毕业后，两个人考上了不同的大学，其男友在新学校里又结交了新女朋友，遂向其提出分手。

2. 心理疏导，化解心结

首先，辅导员要对她加以认可，小小年纪即承担了很多生活压力和负面情绪，但通过努力考上大学，实属不易，她不仅能歌善舞，学习成绩还很优异，应用表扬来让学生体会到自身价值，并引导她理性看待和分析自己与原生家庭的关系，引导她多维度看待恋情挫折，用自己的价值判断突破心魔，不夸大问题、放大无力感，而是积极应对当前所面临的问题，换个角度去思考问题，学会释然。

3. 家校联动，协同育人

及时和小 Y 的母亲联系，沟通孩子的身心现状，理解她含辛茹苦的同时，提醒过多的抱怨和一味地指责已经严重影响孩子的身心健康，与其母亲共同探讨建立亲密融洽的亲子关系、温馨和谐的家庭氛围，传授与孩子沟通的技巧。鉴于小 Y 多愁善感、敏感多虑的性格特点，要对她多加关心和鼓励，多倾听孩子内心的真实想法，用温情和理性的方式关爱她，用积极乐观的态度影响她。

4. 朋辈互助，携手共进

特殊的成长环境让小 Y 内心极度缺乏安全感，加上女生情感细腻，当发生失恋这种情况，就会导致小 Y 自我压抑和封闭，这需要帮助其建立社会支持系统。充分调动班委及宿舍成员，在生活、学习等方面进行朋辈交流和互助，同龄人之间的心理引导和积极态度的隐形传递，让她感受到他人温暖帮扶和真情帮助，获得内心深处的安全感，有利于重塑正确的人生观和价值观。

5. 持续跟踪，助力成长

原生家庭的不幸和失恋学生的心理疏导是个持续过程，辅导员要定期谈心谈话，走访聊天。将小 Y 纳入重点心理关注对象，做好台账，定期跟踪回访。平时多关注其社交媒体状态，通过任课老师和同学侧面了解其日常表现，察觉学生处于消极状态时，及时给予鼓励和安慰，形成育人闭环。同时，通过一些经典案例让其明白爱情并不是生活的全部，作为一名青年大学生，应将更多的精力投入在学习和能力提升上，在失恋中升华自己，在奋斗中更新自我，在最好的年华成就最美的自我。

三、案例反思与启示

辅导员作为大学生成长成才路上的引路人，要用心求索教育新方法，通过案例总结和分析，有以下几点反思和启示：

（一）科学预判是前提，谈心谈话见真效

在学生入学半个月内，就要和班级所有同学进行谈心谈话，了解其家庭背景、心理状况以及新环境适应情况等，也可以开设恋爱教育相关课程，指导大学生们正确处理好恋爱与学业、恋爱与成长之间的关系，不断升华爱情的认知。通过讲座、读书会及团辅等，一起探讨爱情，引导学生如何爱、何时爱，培养大学生正确的恋爱观。同时，引导学生将恋情放入人生长河中看待，规划人生，确立目标，趁着大好年华，相互成就，而非彼此消耗。

（二）以情动人是关键，春风化雨润心田

辅导员在与学生的相处中，以情育人是关键。辅导员要用自身的情感投入、用与学生相处的恰当情感技巧、用对教育事业和对学生最朴实的情怀，春风化雨、润物无声，给处于“拔节孕穗期”的大学生心灵埋下真善美的种子，培养学生理性且积极看待生活的心理品质，护航学生的心理健康素质与思想道德素质、科学文化素质同步提升。

（三）家校协同是根本，解铃还须系铃人

小 Y 的心理问题关键在于原生家庭的压力，即便在学校已调整好心理状态，难保回到家不会“旧病复发”，在家庭无形的压力下，倾诉无人、疏导无方，心理创伤面积只会越发增大。因此，要定期做好家校联系，积极向家长反馈学生的在校情况，加强同家长的沟通交流，侧面渗透正确观念，改变家长的教育认知，家校配合，齐心协力，才能为学生的心理健康保驾护航。

专家点评

点评专家：王庆华，浙江旅游职业学院千岛湖校区党总支书记。

近年来，原生家庭对孩子的影响受到社会的关注。很多家庭对孩子的陪伴、教育不足，导致学生自闭、自卑、社恐等问题。失恋是大学生常见情感心理问题之一。大学生失恋会体验到深切的痛苦，部分学生会因无法调整失恋后的情绪问题而出现轻生的念头或行为。作为大学生健康成长路上的指引者，辅导员要用心求索教育新方法，加强对这类特殊群体的正确引导。

作者简介

方玉棋，女，浙江旅游职业学院千岛湖国际酒店管理学院辅导员。

坚定理想信念　树立人生目标

朱晓彤

一、案例背景与概述

大二学生吴某，女，某班班长、社团骨干，平时性格开朗阳光，为人直率。某日，吴某冲进办公室匆忙塞给我几页装订好的信纸，随后一言不发跑着离开。细看了内容才了解到，她选择了辞职。理由首先是无法安排好学习、工作和生活，生活越来越浮躁；其次是她觉得生活中有意义的事越来越少，不知道什么是生活的意义，想为父母减轻家庭负担却又无能为力，内心产生莫名的失落感。在沟通过程中，辅导员还得知吴某利用假期去了趟拉萨，感受了西藏独特的地域风情，受到藏传佛教的影响，觉得自己不适应当下的生活方式和生活节奏，很向往寺庙修佛养性的生活。此外，同学们普遍反映吴某近日情绪不稳定，言语偏执激烈。

二、案例分析与应对

（一）案例定性分析

该案例主要涉及大学生理想信念问题，交织着学业问题、心理健康问题和疑似宗教信仰问题，实际上反映了其精神世界的自我迷失。

（二）问题关键点

吴某作为学生干部将自己的课余时间和精力投入学生会的工作和校外志愿活动当中，无法在有限的时间里合理分配学习、工作和生活，导致该生产生浮躁、疲倦、迷茫情绪。

在这样的心态下，该生去西藏旅游，在西藏特有的风土人情和宗教氛围的影响下，特别是受避世、因果报业等思想的影响，导致该生凡事总要考虑因果，追求所谓的意义，遇到问题和困难就会想到回避和放弃。

在分析中发现，生活学习或者交际中的困境仅仅是引发学生心理健康问题的诱因，根本问题在于学生思想认识上的偏差或理想信念不够坚定，尤其是缺乏科学理性的思维能力和客观唯物的精神信念。这成为辅导员在思想政治教育工作中的难点。

（三）解决思路和实施办法

1. 正确引导学生的思想认识

沟通中辅导员和吴某探讨了许多宗教哲学的相关问题，同时也分析了宗教对青年学生产生的负面影响和带来的消极理念。并将历史唯物主义和客观唯心主义进行简单对比，教育学生把理想信念建立在科学、求实的基础上。通过诸多红色革命故事加强学生的爱国主义教育，加强对学生思想政治理论素养的培养。帮助学生正确认识宗教，全面理解教义。

2. 鼓励学生干部之间相互理解，相互包容

同意她辞去学生会一切职务，让其他同学在日常生活学习中对她多体谅，多包容，为她营造一个简单、轻松、温暖的人际交往环境。

3. 对其进行必要的心理辅导

在心理咨询中尽量发现学生内心产生的困惑和疑问，通过咨询更深入了解学生的想法和关注的方面，稳定情绪，缓解心理压力，让学生保持开朗阳光的心态。

4. 组织开展丰富多彩的校园文化活动

把理想信念教育融入校园文化活动中，通过校园文化活动来充实校园生活，丰富精神世界，加强学生爱国主义教育和红色文化教育。

三、案例反思与启示

（一）以党的创新理论补足精神之钙

辅导员要坚持贯彻党的教育方针，用党的创新理论武装头脑，坚定理想信念，鼓励学生多参加各级各类校园文化活动，更好地满足学生在校的精神文化需求和健康需求，用优秀的校园文化占领学生思想政治教育阵地。同时，也要开展好马克思主义宗教观教育，正确引导学生全面认识宗教文化。

（二）要关心关注学生思想动态和心理健康状况

辅导员应该增强敏锐性，从学生的言行举止和思想变化中把握大学生心理

存在的变化和问题。从细节着手，多听多看多调查，对学生进行全面了解。能分析客观环境对学生心理产生的影响，减少客观环境对学生心理产生的负面作用。

（三）要时刻引导学生平衡学习、工作和生活

要引导学生合理分配时间，科学调整生活节奏，将大学的学习、工作、娱乐等问题合理规划，避免学生产生心理压力。引导学生树立正确的价值取向和未来就业方向，不要让学生在学校生活中迷失方向、丧失信仰。

专家点评

点评专家：王庆华，浙江旅游职业学院千岛湖校区党总支书记。

通过对该案例的处理和反思，对下一步加强理想信念教育，加强马克思主义宗教观教育和政策法规教育，关心关爱学生，强化学生队伍建设，提升辅导员自身的理论素养和工作能力等均有一定的启发。

作者简介

朱晓彤，女，浙江旅游职业学院千岛湖国际酒店管理学院辅导员。

三、

资助保障　扶志逐梦

“情理相济　暖心筑梦”四步走　护航资助对象“物质—精神”双脱贫

俞丹茗

一、案例背景与概述

Z同学入学时，性格内向，本人在翻看Z同学档案时，得知她家境贫寒，父亲残疾。该生入学后，较为沉默寡言，日常喜欢独来独往，不时出现旷课、晚归、无故失联等现象。通过了解发现Z同学为了赚取生活费，在校外兼职多份工作。

二、案例分析与应对

（一）案例定性分析

此案例反映的是学生因为家庭贫困导致忙于兼职、学习精力难以集中的问题。

（二）问题关键点

（1）如何引导Z同学树立正确的发展方向，科学规划大学生活，回归正确的成长轨道。

（2）如何帮助Z同学实现“物质—精神”双脱贫。

（三）解决思路和实施办法

1. 动之以情，真诚交流

发现Z同学奔波于多份兼职后，辅导员主动约谈，深入了解该生生活和学习过程当中存在的实际困难。谈话前，准备一些小水果、小糖果，泡一杯热茶，营造温馨平和的谈话环境，减少学生内心的压力和紧张感。在谈心谈话的过程中，避免一味针对该生违纪行为的批评与说教，从关怀的角度去了解他的难处，用一种平等的姿态拉近师生距离，让该生感受到来自辅导员的温暖、尊重和关心，消除内心顾虑，促使其打开心扉，真诚沟通。

2. 晓之以理，打开思路

告知Z同学学校有许多资助政策，作为一名学生，首要任务是学习，不可错过宝贵的大学时光。给该生详细介绍学校七彩阳光资助政策，帮助他申请助学金等补助，并给他推荐校内的勤工助学岗位，解决他生活的后顾之忧。任何事都有轻重缓急之分，当前的任务是要努力学习，不断丰满自身羽翼，用专业知识来提升自己的核心竞争力，日后才能真正改变自己的人生。

3. 读心有术，耐心疏导

在谈话过程中，通过仔细观察该生的细微面部表情和肢体语言，可知她有较大的心理压力，物质条件的贫乏让她不自信，沉默寡言，但目前尚未出现心理障碍。根据该生的心理问题情况，帮助她制订解压方案，通过适度运动、聊天谈话等形式释放心理压力。同时，进行鼓励，对她自食其力的品质表达肯定，并进行定期的回访关注。

4. 专业领航，筑梦未来

邀请该生参加优秀校友讲座、参观合作企业等，辅导她做好自己的职业规划，帮助她找到自己的职业梦想。有梦就有动力，把她从为生存挣扎的乏力感和迷茫感中解放出来，集中精力投入专业学习当中去，用专业技能武装自己，坚定奋发向上的信心。并推荐她积极参加一些寒暑假实习实践，既可以获得一些物质收入，又可以推动理论和实践相结合，提升行动力。

三、案例反思与启示

（一）不能用简单的批评教育解决问题

家庭经济困难的学生往往本来就缺乏自信，更需要得到尊重与关怀，需要充分换位思考，熟悉他们的话语体系，才能进行真诚、有效对话。

（二）需要精神和物质双脱贫

本案例中，学生兼职也是无奈之举，交流过程需要充分尊重学生、平等对话，让她感受到辅导员的善意，帮助其解决眼前困难的同时，也要为她的未来考虑，只有把握好现在的学习机会，日后方能把握自己的人生。

专家点评

点评专家：时忆宁，副教授，浙江旅游职业学院宣传统战部主管。

资助育人是保障教育公平的重要举措。辅导员应坚持以“不让一个学生因家庭经济困难而失学，促进家庭经济困难学生成长成才”为目标指引，将立德树人切实融入学生资助工作，构建“发展型”资助育人模式。本次案例的成功在于融入“三全育人”理念，将“扶贫、扶志、扶智”三原则应用到资助工作中，把握教育规律和学生成长发展规律，保障学生心理健康，使学生树立正确的价值观、人生观，挖掘其自身潜力，全面提升其自身综合素质，达到授人以渔的效果，切实帮助学生解决实际困难。

作者简介

俞丹茗，女，浙江旅游职业学院学生工作部思政干事。

“钢铁战士”筑梦返乡创业 “七彩民宿”助力共富先行

俞莹莹

一、案例背景与概述

（一）“双创时代”为创新创业工作开展提供政策支撑

“大众创业、万众创新”时代，各地政府积极出台相关政策，作为社会“智库”群体的当代大学生积极投身创新创业已成为时代发展的必然趋势。辅导员作为大学生创新创业教育的重要引路人，工作的开展也面临着全新的机遇与挑战。

（二）“高职扩招”为创新创业工作的开展提供全新视角

2019 年 4 月，国务院常务会议讨论通过《高职扩招专项工作实施方案》，酒店管理学院迎来 260 余位扩招生。高职扩招生不限年龄意味着他们有着丰富的社会阅历和创业资源，这为辅导员挖掘和培育高品质创新创业项目提供了一个全新视角。

本工作案例立足乡村振兴大背景，围绕 2019 级酒店管理专业扩招 4 班余某及其“七彩民宿”创业项目，凝练的针对性开展扩招生创新创业项目的挖掘与培育经验，总结“学赛练”式开辟学生创新创业工作的新视角、新路径。

二、案例分析与应对

（一）全面精准摸排、高效导师配比

创新创业模块由辅导员牵头，提前选拔配备专门的班助管理队伍，入学即全面开展地毯式精准系统摸排。余某在 8 年服役期间荣立三等功一次，多次被评为优秀士兵、优秀士官、优秀共产党员，政治素养高，苦干创业使命意识强烈。退役后，他借着乡村振兴的东风回乡创业，大胆提出“七彩民宿”带动周边农户发展民宿带的想法。

形成有潜力的创业项目资源库，依托学院“精英创智”专创融合工作室建立导师管理责任制。余某加入专创融合工作室学生团队，其项目纳入创业项目资源库并作为重点项目培育，配以“精英创智”专创融合工作室民宿教研室主任、创新创业模块辅导员等教师作为导师，工作室全体联动培育和孵化创业项目。

（二）“学赛练”三步走、培育环环相扣

积极围绕“学赛练”模式进行创新创业教育教学改革科学研究，基于实际教学改革立项教改科研项目，形成“学赛练”三步走的创业项目培育模式，在引导学生学好创新创业理论知识的前提下，通过导师引导走访调研、积极指导参赛推动创业项目优化，并在实际创业实践中不断优化创业项目。

（三）培育成果显著、形成反哺机制

经过充分的挖掘和培育，“七彩民宿”项目取得了良好的成绩，也逐步形成了高效的反哺机制。以新生始业教育为契机开设创业讲座，帮助新生了解创业热点、提升创业兴趣；作为创业典型指导助力学生创 π 社团建设；为民宿专业学生提供创业、专业实践平台；作为优秀典型纳入“精英创智”专创融合工作室高质量的“企业家”校友创业合作实践支撑资源库和创业导师资源库。

三、案例反思与启示

（一）新视角、新方式、新技巧

要有新视角，善于在特殊群体中发掘项目；有新方式，打破常规教学和培育模式，探索“学赛练”等新模式、新路径；在开展工作中，擅长运用新技巧实现多方联动，使工作效果翻倍。

（二）长眼光、长周期、长聚焦

要有长远眼光，要结合政策热点积极拓宽视界；把握创新创业项目培育长周期的特点，有的放矢地开展工作；注重对有潜力项目的聚焦培育和孵化，拒绝“三心二意”，避免“一事无成”。

（三）高标准、高水平、高质量

要有高标准的要求，推进“七彩民宿”项目发展的常态化；通过高水平的项目研究，挖掘其中的潜在资源；充分利用好政策窗口，着力培育高质量的成果。

专家点评

点评专家：谢振旺，浙江旅游职业学院酒店管理学院党总支副书记。

创新创业能力是当代大学生的核心竞争力，促进大学生创新创业，为他们提供创新创业平台，是摆在每个高校眼前的重要任务。案例从不同角度进行了分析，提供了一套行之有效的解决方案，取得了显著的成效。

作者简介

俞莹莹，女，浙江旅游职业学院酒店管理学院学工办主任。

强化精准资助　助力学生脱“贫”

胡玉梅

一、案例背景与概述

李同学，女，酒店管理专业，父母离异且父亲为三级残疾，家庭经济比较困难，上学费用依靠助学贷款和父亲务农收入来支付。步入大学时，李同学性格内向，与人沟通较少，平时生活拮据，极少参加学院组织的相关活动。后续在做受助学生资助认定工作中，辅导员通过浙江省学生资助“一窗受理”平台，发现该学生为系统标注的特殊群体，却没申请学校的资助认定及其他相关补助。

得知该情况并进一步对李同学进行了解后，得知李同学不愿申请助学金等相关补助是因为自己的家庭情况不想被其他同学知道，怕被看不起，同时，觉得自己在班级没什么存在感，总觉得别人对自己有歧视，面对周边同学不自信，对大学生活非常迷茫，没有明确目标。

二、案例分析及应对

（一）案例定性分析

这是一起帮扶受助学生的案例，反映的是学生因经济困难而导致的心理自卑现象，进而导致人际交往问题和学业规划问题。

（二）问题关键点

1. 如何从精神和经济两个方面帮助李同学进行双“脱困”。

2. 如何帮助学生认识自己，挖掘个人潜能，确立发展目标。

（三）解决思路和实施办法

1. 加强沟通，转变观念

以心理健康教育为先导，辅导员马上找到李同学沟通，帮助其树立正确的价值观。告知申请资助对象认定不会向班级同学泄露申请人的家庭信息，且无须提供佐证材料，班主任及奖助工作小组均会做好保密工作，而且如果受助生学习成绩优异还可申请国家励志奖学金等，解除其心理负担，树立后续努力目标。

2. 共情关怀，树立信心

在了解学生困境后，本着关心关爱的原则，在对学生提供经济资助（国家助学金、困难补助等）的同时，及时帮学生解决相关问题，赢得学生的信任。借助身边受助学生成功转变的励志案例，引导李同学转变思想认识、激励李同学通过榜样的力量为其树立自信，确立努力目标。同时，告知班委、室友等平时要多关心李同学的学习和生活，引导其积极参加班级的相关活动。

3. 多措并举，激发潜力

为其提供勤工助学岗位，主要利用课余时间到办公室做一些表格整理等工作，这样可以在一定程度上解决李同学暂时的经济困难，并学习到相关的办公技能，有更多机会与其他老师接触，建立信心。同时，鼓励其参加校内设立的相关技能培训，如新媒体技能、礼仪等，帮助学生提升综合技能，进一步培养激发学生内在潜力。

4. 以点带面，树立典型

该生情况并不是个例，很多受助学生都是如此。可以通过帮扶挖掘一批与李同学情况类似的学生纳入资助育人案例典型，进行感恩励志宣讲，现身说教，用真实案例来引导、教育、感染更多受助学生，将学生的爱国主义情怀与诚信、励志、感恩、社会责任感、幸福感培育有效融合，实现学生综合素质的提升。

三、案例反思与启示

（一）做好高校受助学生的资助教育工作，是促进受助学生健康成长的关键

对于自尊心较强且心思较为敏感的这类受助学生，单纯地围绕“家庭经济困难”话题展开很有可能适得其反，还会挫伤其自尊心，这也是精准资助的难点所在。该类情况需要我们构建学校 / 学院—班级—寝室—资助辅导员帮扶体系，将资助与“扶志”“扶智”相结合，帮助受助学生真正脱离“贫困”。

（二）针对特殊类型学生，更需要激发学生内心积极向上的内驱动力，引导学生成长成才

可以通过组织开展“资助育人”系列活动，利用好朋辈力量，给受助学生提供相关平台，打造“感恩励志”文化；做好受助学生群体中“明星学生”的塑造，突出榜样的示范引领功能，以点带面树立典型，实现育人目标，培养时代新人。

专家点评

点评专家：谢振旺，浙江旅游职业学院酒店管理学院党总支副书记。

资助工作难在扶贫与扶智相结合，帮助解决实际的生活困难很重要，但更重要的是如何激发家庭经济困难学生把生活的困难压力转换成学习和成长的动力。对此，这篇案例是一个很好的尝试。

作者简介

胡玉梅，女，浙江旅游职业学院酒店管理学院辅导员。

不让任何一只大雁掉队

司　婷

一、案例背景与概述

创新实施资助育人是贯彻党的二十大报告中“促进教育公平”，落实全国教育大会、全国全省高校思想政治会议“推进资助育人工作”的必然要求，也是高校健全“三全育人”机制的重要环节。在资助工作中始终坚持以生为本，以“不让一名学生因家庭经济困难而辍学”为工作目标，以“红心筑梦、绿色赋能、展翅蓝天”为主要抓手，创建“红绿蓝——雏雁成长计划”品牌项目，成立“红雁之家”资助育人工作室（见图 1）。

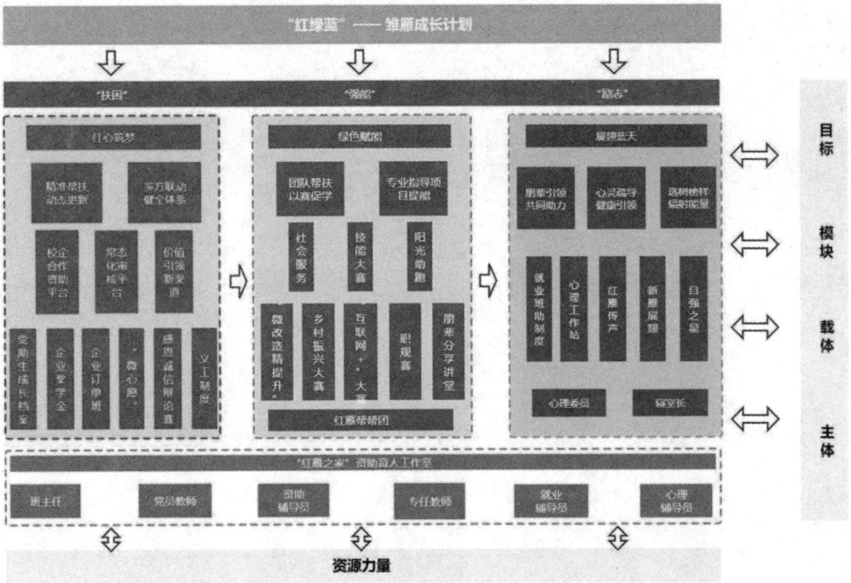

图 1 “红绿蓝——雏雁成长计划”实施组织架构及运行机制

“红绿蓝”雏雁成长计划的实施，得到了学校和学生的广泛好评，品牌效应凸显，育人成效显著。该资助品牌获得学校资助案例大赛一等奖，工作项目获校辅导员工作室及校德育名师等项目的立项支持。团队成员公开发表论文1篇，立项课题8项，其中厅局级以上4项。学院179名在校受助生，8人为党员，47人为学生干部，8人获国家级荣誉，80%学生获院级以上荣誉。“勤工助学之星”占丹丹、资助生王周莲的个人案例入围省级评选。其中，王周莲晋级高尔夫球国际级裁判，为国内目前最年轻的高尔夫球国家级裁判（见图2）。

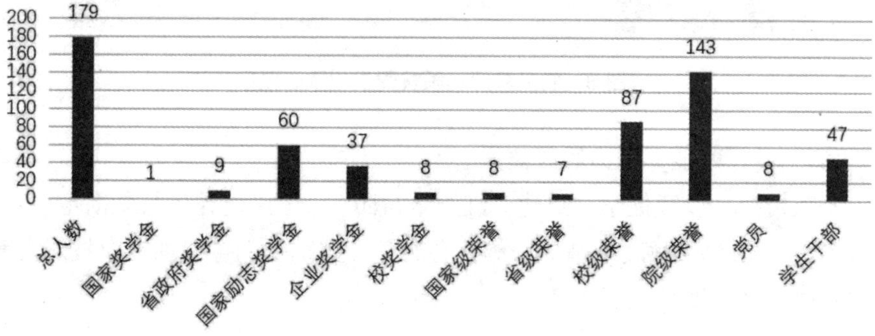

图2 资助生获荣誉情况

二、案例分析与应对

（一）红心筑梦，守护温暖雁巢

精准帮扶，动态更新。学院形成四级资助认定管理机制，通过电话、实地家访、谈心谈话相结合的方式了解情况、精准认定。同时，建立受助生成长档案，坚持“一人一册、随时增补、动态更新”。

多方联动，健全体系。一是探索校企合作资助平台建设，设立上海迪士尼企业奖学金、订单班奖学金共计15项。二是探索受助生价值观培养新渠道，以党员教师结对帮扶“微心愿”活动等感恩教育系列活动为载体，塑造学生的自强自立精神（见图3）。

图 3　党员教师认领贫困生“微心愿”

（二）绿色赋能，助力雏雁离巢

团队帮扶，以赛促学。组建“红雁帮帮团”，选拔优秀生与受助生组团参与 A 级景区创建、微改造精提升等社会服务，鼓励受助生参加专业技能大赛，促进专业能力发展（见图 4）。

图 4　贫困生何煦怡参与“微改造精提升”社会服务

专业指导，项目提能。组织受助生申报阳光助跑育人项目，专业教师通过指导申报并开展实践活动，提升学生创新思维和服务能力（见图 5）。

图 5　2022 年阳光助跑项目

（三）展翅蓝天，朋辈互助齐飞

朋辈引领，共同助力。通过挖掘优秀个案，树立先进典型，营造阳光互助、共同成长氛围，如在受助生中选取党员、比赛中获奖的学生等优秀朋辈开展讲座，选拔贫困生担任毕业班助，帮助其提升综合素质及能力。

心灵疏导，健康引领。借助学院心理工作站，组建心理辅导员、班级心理委员、寝室长等多级成员与受助学生进行交流，表达关心，帮助其克服人际交往障碍，消除消费异化、虚荣心作祟现象。

树立榜样，辐射能量。开辟微信公众号“红雁传声”“新雁展翅”专栏，积极宣传资助对象中的先进事迹以及“自强之星”等榜样学生品质，发挥示范引领作用（见图 6）。

图 6　优秀受助学生李娇娇做成长经历分享

三、案例反思与启示

（一）产学融合，扩大资助育人队伍力量

建立“红雁之家”导师库，将行业专家、专任教师等育人主体纳入其中，为学生社会服务搭建平台，指导学生参加乡村振兴、微改造精提升、助力山区26县等实践活动，树立感恩社会、反哺社会意识。

（二）聚集合力，提升全程资助育人质量

以始业教育为起点，坚持一生一册，持续做好《受助生成长档案》跟踪记录，结合“红雁帮帮团”团队作战方式、组队提升，在专业竞赛、社会服务、实习就业等方面提供资源，实现从“受助”“自助”到“助人”，积蓄能量，助力学生成功展翅蓝天。

（三）深化品牌，推广资助育人成果成效

依托“红雁之家”工作室师资队伍，加强专业培训，提升团队成员专业水平。利用调研数据内容制作微团课、微党课，争取团队成员在厅局级以上科研平台立项，指导学生参加省级以上的比赛竞赛，发表高水平、高质量论文，进一步做大做强“红绿蓝——雏雁成长计划”品牌，形成丰富的育人成果。

专家点评

点评专家：葛丽敏，浙江省优秀辅导员，副教授，浙江旅游职业学院首届德育名师。

资助育人是实现“三全育人”，构建十大育人体系中的重要一环。随着全面建成小康社会的实现，资助育人的重要性越来越凸显。如何助力经济困难学生成长成才，实现从受助到自助，是一大难题。通过“红绿蓝——雏雁成长计划”，给出了多方位的育人举措和途径，也取得了明显的育人实效，案例经验可推可学。

作者简介

司婷，女，浙江旅游职业学院旅游规划与设计学院辅导员。

扶贫先扶志　扶贫必扶智

柏　凤

一、案例背景与概述

小潘同学在大一入校时，性格较为内向，与他健壮的体格形成了鲜明的对比，于是我开始留意他。通过翻看学生信息情况登记表发现，小潘同学紧急联系人一栏中填写的是表姐信息，于是我进行电话家访了解情况。原来，小潘同学自小父亲亡故，母亲改嫁后失联，他一直由爷爷抚养长大，家庭经济状况极度困难。通过与他的室友闲聊，发现小潘同学入学后一直在寻找兼职机会，目前，正在利用课余时间做外卖员赚取生活费。了解到这些情况后，我找到小潘同学进行谈话。

二、案例分析与应对

（一）案例定性分析

本案例反映的是经济困难学生的帮扶问题。

（二）问题关键点

（1）多途径了解小潘的状态，充分把握其情况。

（2）如何帮助小潘摆脱经济困境，专注学习。

（3）如何帮助小潘正视经济困难，树立信心。

（三）解决思路和实施办法

1. 走近学生，寻找突破口

通过电话家访、与其室友同学沟通交流后，我了解到小潘同学的成长经历与近期动态，心疼之余更重要的是需要帮助他解决实际问题，刚开始与小潘的谈话交流时，他比较抗拒，自尊心较强，不愿跟我交心，后来我与他聊起小时候的成长经历，他逐渐打开了话匣子，逐渐将自己的经历讲了出来。小潘很小时父亲就病故了，母亲改嫁后失联，他一直由爷爷抚养长大，爷爷年近八旬，无任何经济能力，祖孙俩靠低保度日，小潘非常心疼爷爷，但又不想放弃学业，于是节假日便做快递、外卖等兼职赚取学费及生活费。在了解情况后，我为他分析困境，并且讲解了学校的资助政策，帮助他申请了困难学生补助。

2. 持续关注，树立信心

鉴于小潘的要强性格，在直接的物质帮助之外，还需要充分保护他的自尊心，让他树立信心。在帮他申请了贫困生补助，解了燃眉之急之后，我又为他介绍了学校的勤工助学岗位，让他在学习之余用自己的力量赚取生活费，他又加入学校的教官大队来锻炼自己。我在我平时的学习和生活中给予无微不至的关怀，让他感受到来自学校的温暖，鼓励他竞选班委，鼓励他积极申请加入中国共产党。

3. 耐心引导，做好规划

在与小潘的交流中我了解到，小潘对自己未来的工作生活缺少规划。于是我在帮助小潘树立信心之后，耐心地帮他分析了专业的就业前景，引导他做好职业生涯规划，制订可行的行动路线。暑假他在当地的公安大队实习，在体验中明确了就业方向。他现在已经明确了自己的就业方向，毕业后要考取辅警岗位，一年的实习学习也安排在公安大队实习，为能从事自己的心仪工作做好充分的准备。

（四）发展与现状

经过一系列努力，小潘同学逐渐成为一名非常优秀的学生，他是老师们得力的小助手，积极参与各种校园活动，学生会、班委、教官大队等随处可见他的身影，通过自己的努力，他多次荣获奖学金、助学金，现在的他不再因经济困难而为生活优虑，有了更多的时间和精力规划自己的人生。

三、案例反思与启示

（一）积极引导学生正视困难

贫困生是一个特殊的群体，他们往往会有自卑心理，在工作中要给予他们充分的关爱，走进学生内心，引导学生正视困难，卸下包袱，以阳光健康的心态面对学习。

（二）实时动态掌握学生情况

作为辅导员，要深入学生一线，密切关注动态，注重学生骨干的作用，构建畅通的信息交流和信息反馈渠道，做到实时动态地掌握学生情况。

（三）用心发现每位学生的闪光点

每位学生都是一个独立的个体，他们都有自己特点，要用心去挖掘他们的闪光点，为他们提供成长的平台。

专家点评

点评专家：刘颖，浙江旅游职业学院思想政治教育专业副教授。

大学贫困生，大多性格内向、自卑，作为辅导员要抓住新生入学的黄金期，及时与学生建立良好的师生关系，并且注意“扶贫”与“扶智”相结合，给贫困生群体给予及时的人文关怀和教育引导。作者针对贫困生可以对症下药，帮助学生通过自己的努力解决现实的经济困难问题，无后顾之忧地勇敢向着自己的人生目标努力，这不失为一个优秀的案例。

作者简介

柏凤，女，浙江旅游职业学院厨艺学院辅导员。

用“爱”托举成才梦想　用“心”照亮成长之路

马庆楠

一、案例背景与概述

学生小邓从小由爷爷抚养长大，经济来源于各项资助政策。从小怀揣军人梦的他经过严格的体检、政审等程序顺利参军，两年义务兵服役期满后回到校园继续读书。学院在充分了解小邓同学的情况后，通过构建联动育人机制、提升资助育人时效性、推动内涵式发展的工作路径，构筑“助困护心 扶志铸人”资助育人体系，为该生求学之路遮风挡雨、在成才之路上为其保驾护航。

不让一个学生因家庭经济困难而失学，是党和国家的庄严承诺。确保每位学生顺利完成学业，助力每一位学生成长成才是厨艺学院育人工作的出发点和落脚点（见图1）。

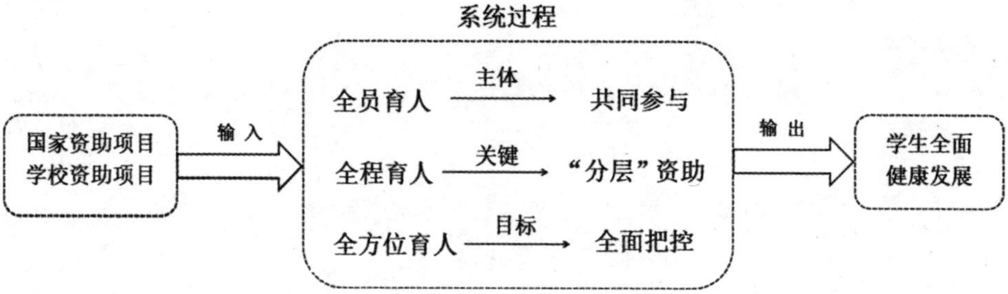

图1　厨艺学院资助育人工作体系

二、案例分析与应对

厨艺学院以习近平新时代中国特色社会主义思想为指导，全面贯彻落实全国高校思想政治工作会议和全国教育大会精神，坚持以立德树人为根本任务，以思想政治教育引领资助育人，将思政工作、育人工作与资助工作三者互相结合，创新工作理念，统筹协同配合。保障学生安心求学，助力学生励志成才，落实教育脱贫攻坚。

（一）多方合力，构建协同联动“育人地”

辅导员从来不是一个人在战斗，要学会多方借力，整合家长、学生骨干、室友以及其他校内外资源，建立强大的队伍。学院努力打造一支师德高尚、业务精湛的教师队伍“主力军”，以润物细无声的方式发挥资助育人作用，强化管理育人和服务育人，形成经济资助与服务成长发展相统一、群体共性与个体差异相协调的工作机制。同时，整合校外育人资源，构建学校、家庭、社会、学生“四位一体”全员参与的“育人地”，把资助工作做到学生心坎上，让学生切实感受到教育的高度、力度和温度。

1. 校内联动筑牢保障层

通过建立学院领导、专业课教师、辅导员、同伴朋辈“四级”帮扶拉动力量，形成帮扶合力，切实增强工作责任心和凝聚力，加强对困难生情况的了解与掌握，因时制宜、因势利导，做好资助育人工作。

2. 家校联动建强服务层

新生入学时通过对每位学生开展家校联系、组织家长见面会、电话家访等，搭建学校和经济困难家庭之间的信息反馈和沟通交流平台。在为困难学生家庭带来物质关怀的同时，深入了解学生成长环境，倾听家长心声，形成家校育人合力，将精准教育扶贫工作落到实处。

3. 校企联动搭建动力层

通过强化校企合作，依托校友资源和原有资助体系的整合，设立专项奖助学金，如康恩贝奖学金、孙奇煌奖学金、泓涵富强助学金等，进一步夯实资助体系的基础，深挖多方资源，搭建“校内、家校、校企”协同联动机制。

（二）精准发力，架起资助育人“连心桥”

所谓精准，就是“实事求是、因地制宜、分类指导、精准扶贫”，要求做到因材施教，避免出现均匀式、格式化的资助。学院通过建立一对一结对帮扶体系，落实“一人一策”帮扶方案，为学生制订个性化帮扶方案，提供思想关怀、经济资助、心理辅导、学习帮扶、就业指导等服务，把握成长规律，针对不同年级、不同阶段的学生特点和成长需求，打造分层分类精准资助模式，确保学生在不同教育阶段都能够获得相应的帮扶。

1. 助力学子无忧入学

入校前，通过发放“爱心助学券”、开通“绿色通道”等举措保证新生入学不受阻碍，不让学生因贫困而失学；入校后，通过资助政策专题宣讲、微信公众号专题推送，引导新生了解国家资助政策和学校资助体系，帮助学生和家长消除后顾之忧，让同学们切实感受到国家、学校及学院的真切关怀和温暖。

2. 守护学子安心求学

由于目前学生大多是“00后”，在高职院校中存在学生学习兴趣和动力缺乏、学习方法不当等情况。学院通过组建教师帮扶队伍，动员任课老师、辅导员、班主任对经济困难学生进行学业帮扶、生活帮助，鼓励学生树立学习目标，激发学习动力。通过创新早晚自习管理、丰富学习内容、组织专题活动等，激发学生自主学习的内生动力，着力培养受助学生自立自强、诚实守信、知恩感恩、勇于担当的良好品质，形成“扶困—育人—成才—回馈”的正向循环。

3. 护航学子高质量就业

学院高度重视受助学生群体实习就业工作，通过“党员教师结对帮扶”机制，开展精准施策和帮扶指导，满足学生多样化成才需求，搭建就业帮扶“连心桥”，做好困难生服务保障工作，助力家庭经济困难的学生顺利就业。

（三）真情帮扶，筑牢励志成才“暖心堤”

家庭经济困难学生作为高校需要特别关心和关爱的群体，在精准资助过程中需要更多个性化的帮助和支持。这就要求高校资助工作在精准资助的同时注重结合“00后”学生的心理和行为特点，探索一系列行之有效的育人方法，始终把“人文关怀”作为重要部分。

学院始终坚持用心更用情，扶贫更扶志。以“奖、助、贷、勤、免、补”为手段，在“扶困”过程中更加注重精神资助，在充分发挥显性资助育人的基础上，从保障性资助向发展性资助育人转变，由“经济资助”拓展至“精神资助”。引导学生将“资助、励志、强能、感恩”意识内化于心、外化于行，努力学习、艰苦奋斗，用实际行动回报国家社会。

1. 深挖榜样，选树典型

加强教育引导、典型宣传，把重点帮扶部分学生群体的工作成效辐射到更多学生，共同受益。开展励志成才学生典型事迹学习，将在学习能力、组织服务、创新创业、社会实践、自强不息、文体活动等各方面表现突出的受助学生的事迹通过多渠道、多平台宣传、分享、推广，传播榜样力量，引领共同成长，培育栋梁之材。同时，组织召开学业指导、就业等经验分享交流会，将优秀学子的经验传授至其他学生，为困难学生答疑解惑，帮助他们树立正确的就业观，制定科学合理的学业、职业生涯规划。充分挖掘困难学生的潜力，全面提升个人能力和综合素质。

2. 心怀感恩，励行筑梦

将“感恩教育”融入“全方位育人”工作，组织动员受助学生积极参加志愿服务和社会实践活动，鼓励受助学生将自身所学的知识应用到实践中去。选聘优秀受助学生担任“资助宣传大使”，积极践行社会责任，宣讲学生资助政策。积极参与暑期社会实践，深入基层、学以致用、回报社会。

3. 以心暖心，赋能成长

发挥学院“阳光心使者”朋辈心理互助队伍力量，以“他助—自助—互助”的朋辈模式有针对性地开展心理重塑、生活助困、能力帮扶等。在学习方法、时间管理、职业技能、身心健康等多方面持续给予学生个性化指导和帮扶，通过主题工作坊、朋辈互助、专题培训、专项辅导等形式，落实“一通爱心家访电话、一份勤工助学工作、一次宿舍走访慰问、一次家访送温暖活动、一张爱心回家车票”等特色资助活动，走进学生圈子，融入学生生活。引导学生树立自强意识，促进学生身心健康、全面发展。

三、育人成效

在“助困护心 扶志铸人”资助育人体系引领下，学院资助育人成果丰硕、成效显著。截至目前，学院家庭经济困难学生共 198 人，其中，经济特别困难学生 91 名，普通经济困难学生 107 名。163 名受助同学通过参加国家级、省级、校级、院级学生活动及比赛、专业技能大赛等，累计获荣誉达 500 余项；另外，有 67 名同学荣获国家励志奖学金、省政府奖学金、学校奖学金等各类奖学金；46 名同学积极向党组织靠拢，成为“入党积极分子”；4 名同学加入中国共产党，成为学生党员。

四、案例反思与启示

（一）精准把脉，对症下药

落实“立德树人”是高校的根本任务，在解决青年大学生实际问题时应强化教育引导，根据每个学生的不同特点和成长需求，找到帮助学生成长成才的“金钥匙”。做到走近学生有温度、解决问题有深度，引导学生重塑自我价值，重建个人自信，提升自我效能。

（二）通力合作，精准落实

学院通过广泛宣传学生资助政策与成效，积极围绕活动主题组织开展弘扬主旋律、传播正能量的资助育人活动，推动学生资助力量聚焦学生、下沉一线，构建起物质帮扶、能力拓展、素质提升、精神激励、有效互融的全链条资助过程。

（三）守正创新，润物无声

创优思路，加强顶层设计，健全体制机制，优化受助学生回馈社会机制，搭建形式多样的实践平台，鼓励经济困难学生参与到志愿服务实践中来，在奉献中践行感恩，在行动中传递友善。

专家点评

点评专家：刘颖，浙江旅游职业学院思想政治教育专业副教授。

本案例研究的主题是如何对高校家庭经济困难学生进行立体化、全方位的资助帮扶以及贫困生的心理健康教育、价值观教育等。作为一线学生工作者，如何进一步做到精神上、心理上培育学生，这是值得努力探索的问题。此案例有两点值得借鉴：一是对于家庭经济困难的学生，辅导员坚持走近学生、亲近学生、情系学生，通过谈心谈话、校园文化和社会实践多措并举，坚持以资助为基础的同时，探索以助人和育人为导向的资助育人体系。二是将帮困助学与心理健康教育相结合，促进学生形成一个健康积极的生活态度，强化学生的感恩意识与责任意识，做到经济补助、心理扶贫和就业成才相结合，将各种资助得到最优化的配置。

作者简介

马庆楠，女，浙江旅游职业学院厨艺学院辅导员。

教育无他　守望青春

徐千惠

一、案例概述

严某，女，孤儿，浙江临安人，大一学生，家庭经济比较困难，学费是靠助学贷款和爷爷奶奶务农所得来支付的。进入大学时，该生性格内向，话语不多，生活简朴，较少参加学校活动。某日，该生向辅导员表达，她感到学校里人际关系淡漠，没有存在感，不愿意继续读书，希望办理退学，想早日进入社会赚钱贴补家用。经了解，辅导员得知严同学奶奶突然身患疾病，需住院治疗，且医疗费用较为高昂，家庭经济压力变大。另外一个主要原因是该生很少与他人沟通，在班级里总觉得别人对自己有歧视，大学生活目标不明确，面对周围同学极不自信，从而产生了弃学的想法。

二、案例分析与应对

（一）案例定性分析

案例中严同学是贫困生的典型代表：家庭经济状况是造成贫困生心理问题的外部因素，家庭的窘迫、家长的无能为力、借款的压力、还款的忧虑交织在一起，导致心理上始终矛盾重重；自信心不强、内心自卑，是造成贫困生心理问题的内部因素，大部分贫困生表现为心理比较敏感，自尊心特别强，对于外界的帮助并不是很乐意接受，有时候在困难面前还会怯懦、逃避。

（二）问题关键点

因此，透过现象分析学生现实表现的内在本质，通过内因与外因的深层分析问题并积极解决，是贫困生帮扶工作的重点所在。

（三）解决思路和实施办法

本案例主要从以下几个方面进行了尝试。

1. 熟悉学生，了解学生

熟悉学生成长背景，了解学生性格成因，是我们开展贫困生帮扶工作的第一步。本案例中，辅导员通过线上线下多次谈心谈话，逐渐让严同学敞开了心扉，让她愿意和辅导员倾诉自己的真实想法。

2. 温情感染，细致入微

辅导员安排班级同学主动与严同学说话、聊天，打消其自卑心理，鼓励她与同学一起参加班级活动，让其感受到班级集体的温暖。

3. 开展家访，走进内心

利用假期家访活动，实地了解学生困难，做到助有所依。案例中，辅导员通过对严同学家进行实地走访、与其爷爷奶奶进行交流、对其家庭的观察了解等，逐步明确了具体可行的帮扶措施。

4. 扶贫扶心，授人以渔

本案例中，辅导员了解到该同学在做微商创业，售卖临安山核桃等家乡特产，就与领导商议决定给予严同学校内创业扶持，帮助她在校内进行宣传和推广，这在很大程度上解决了她的经济压力，让其可以安心学习，培养了严同学自立自强的好心态。

最终，经过一系列的帮扶措施的落实，严同学顺利完成学业，毕业后在杭州的一家公司做销售，取得了不错的成绩，单位对她评价很好！

三、案例反思与启示

贫困学生的帮扶工作要从走进学生心灵开始，“物援”只是帮扶工作的“标”之所在，更重要的是善于倾听学生内心的声音，找到“心助”之门，把握贫困学生帮扶工作的“本”是关键。

本案例中，严同学完成了从内向、胆怯、自卑到自信、开朗、乐于助人的成长与转变，辅导员“润物无声”的工作方式起到了重要作用。贫困生帮扶工作不仅仅是经济帮助和生活照顾，更重要的是关注贫困学生思想状态，善于从学生内心想法出发寻找学生身上的闪光点，对其进行精神鼓舞与激励，从而实现对学生在人格上塑造、能力上提升的目的。本案例对实际工作有以下启示。

（一）建立贫困学生信息档案，了解学生成长环境

在贫困生助学工作中，应从建立完整的学生信息档案库开始，全面把握了

解学生的成长背景，这有利于贫困学生的管理与帮扶工作的开展，保证了助学工作的有效性。

（二）以多种信息交流平台为依托，走进贫困学生内心，理解学生现实处境

善于利用多种信息交流平台，打造与学生接触的零距离模式，是走进这类学生心灵的重要方式。案例中，辅导员老师从短信交流开始，通过“剥洋葱”式的谈话方式，逐步了解学生内心的真实想法，与学生建立起信任关系，为后续工作的开展打下了坚实的基础。

（三）构建家校合作模式，构建助学工作的有效机制

在高校贫困学生群体中，因学致贫的贫困生家庭具有一定的代表性。案例中辅导员老师以实地家访的形式了解到学生的家庭现状后，通过与贫困生家庭的交流与沟通，熟悉学生成长背景，了解贫困学生性格成因。

（四）“物援”与“心助”相结合，从“扶贫”向“扶心”转变

对于心思敏感、自尊心比较强的贫困学生，单纯地围绕“贫困”这一问题与其交流，不但不能取得效果，还会挫伤他的自尊心。我们可以借助各方平台，在工作中挖掘贫困学生身上的闪光点，帮助其树立自立自强意识，以苦难为财富，助力其成长成才是贫困生帮扶工作的最终目标。

专家点评

点评专家：陆书，浙江旅游职业学院艺术学院党总支书记。

扶贫帮困关系到千家万户的福祉，关系到寒门学子的未来。作者针对学生的内因外因，以“心”换“心”，从思想帮扶、学习指导、生活关心等方面全方位解决问题，帮助该生学会自学、自理、自护、自强、自律，获得学业、事业双丰收，这不失为一个优秀案例。

作者简介

徐千惠，女，浙江旅游职业学院艺术学院辅导员。

四、

多元合力　促融促和

化解宿舍矛盾　营造和谐之家

杨　婷

一、案例的背景与概述

晓丽（化名），女，18 岁，某天我翻看朋友圈，发现该生与寝室室友在朋友圈互相谩骂，于是联系寝室学生，发现她当天与宿舍舍友爆发矛盾，吵架后离开学校，回到家中。

二、案例分析

（一）案例定性分析

该案例是一起学生寝室人际关系冲突、网络舆情的案例。

（二）问题关键点

学生引发寝室人际关系冲突的原因及如何解决，如何控制学生在朋友圈互相谩骂的网络负面影响。

（三）解决思路和实施办法

第一步：立即开展家校联系，确保学生安全。看到朋友圈的消息后，我第一时间与晓丽联系，得知她正在返家途中，先安抚她的情绪，告诉她到家后给我报个平安。再与晓丽的母亲取得联系，告知她晓丽朋友圈的内容，以及晓丽正在返回家中，与家长达成一致，先保障学生的人身安全。我们分别了解了晓丽与其室友吵架的原因。

第二步：谈话宿舍成员，了解吵架原因。我与晓丽寝室的成员开展了“一对一”谈话，了解矛盾的冲突方主要集中在哪两位或哪几位同学身上。通过谈话我了解到，寝室成员之前因为给晓丽取了不雅的绰号，引发晓丽内心的不满；晓丽在寝室经常不承担打扫卫生的职责、不搭理室友，导致室友开始孤立她。当天因为寝室值日问题，寝室成员小宋与晓丽爆发矛盾，在寝室大吵了一架。

第三步：与晓丽谈话，劝说她删除朋友圈，积极面对矛盾和问题。待晓丽安全返回家中后，我与晓丽取得联系，告知她朋友圈并不能解决任何问题，先删除，调整好自己的情绪后，还是要回到学校。晓丽由于性格内向，对于寝室成员不适度的玩笑，她没有正面对话表达过自己的不满，只是渐渐开始不愿搭理室友，导致大家的沟通越来越少；关于值日问题，晓丽表示自己确实有时候偷懒不愿意打扫。我劝导晓丽，对于自己存在的问题，要积极改正，当然室友的不合理行为，也要勇敢表达，提出质疑，他人才能知道你的态度。

第四步：召集宿舍成员，共同商量解决方案。待晓丽返回学校后，我与她一同返回寝室，与寝室成员共同商量解决方案。首先，针对当天的争吵，大家情绪失控互相谩骂的情况，小宋与晓丽均与对方道了歉；其次，关于取绰号的问题，告知大家不能因为觉得只是开玩笑，就随意对待晓丽，语言也是一种暴力行为；最后，关于寝室值日的安排，大家也要制订一个安排表，严格执行，共同维护好寝室的环境。根据寝室成员在本次事件中的表现，我向他们提出了几个问题：“你理想中的宿舍是什么样的？”“假如这件事发生在别的宿舍，你怎么看待？”“你打算为理想宿舍做出怎样的努力？”思考后，他们一致认识到：对别人多一些宽容和体谅，学会换位思考，冲突是可以避免的。

第五步：持续跟进，关注寝室关系。在后续的时间里，我时不时会走访这个寝室，跟进寝室成员互相调整的情况，关注朋友圈中她们的互动情况。

第六步：召开人际交往主题班会，学习人际交往技巧。组织学生学习与他人沟通的技巧和说话的艺术，让学生理性地认识人际交往，学会管理自己的情绪，积极处理人际交往中的问题，从而提高人际交往能力。

一段时间后，晓丽反映，走进宿舍不再觉得很压抑，与寝室成员沟通时更懂得站在对方的角度考虑问题了，她的人际关系逐渐改善，更加专注于学习。寝室成员也反映晓丽最近开朗了，主动与她们说话，寝室氛围比以前好。

三、案例反思与启示

青春期女生的特点，决定了人际交往中的硝烟不会断绝。造成女生宿舍人际冲突的成因主要有以下几点。

（一）个体生活习惯和价值观念的差异

不同生活习惯的人共处一室，在打扫寝室卫生的态度、公共物品的使用、作息时间的安排等方面不可能一致，由此产生的摩擦就在所难免。另外，不同家庭环境造就了不同的价值观念，有时舍友可能因为人生观、价值观的不同而引发争议，造成冲突。

（二）青春期的生理心理因素

这一时期的女生自尊心强且以自我为中心，不善于控制自己的情绪，导致他们在与他人交往过程中容易产生矛盾。

（三）人际交往经验的不足

由于缺乏社会阅历，他们对人际交往的知识和技巧知之不多，对人际矛盾和冲突的应对更是知之甚少。他们往往靠感觉或情绪来对待人际交往中出现的问题，这样很难做出正确的处理。辅导员遇到这种情况，既不能以吵架事小而置之不理，也不可能利用辅导员的威严将其撮合在一起，而是要及时了解矛盾，通过耐心的谈话、掌握必备的心理辅导技能，召开主题班会等方式引导学生正确看待人际交往中的矛盾，学会控制不良情绪以及妥善解决与同学的冲突，同时，以此为契机，为学生增进友情搭建平台。

专家点评

点评专家：时忆宁，副教授，浙江旅游职业学院宣传统战部主管。

寝室关系是大学生人际关系的重要组成部分，对大学生的心理健康有至关重要的影响。寝室室友同窗共读、共宿，由于距离过分接近，彼此的优缺点暴露无遗，矛盾也会不断出现。高校辅导员应该在学生成长的过程中发挥积极的引导作用，采取有效措施帮助学生妥善化解寝室矛盾，从而构建和谐的寝室人际关系，这是做好学生思想政治工作的重中之重。该案例是辅导员运用谈心谈话、班会等手段有效帮助学生解决寝室矛盾的典型案例。在矛盾的处理过程中，辅导员说服学生树立正确的认知，促使学生进行有效的沟通，妥善化解寝室矛盾，构建和谐的寝室人际关系。从案例中可以看出辅导员对学生无微不至的关心及职业化、专业化的育人实效，值得推广、借鉴。

作者简介

杨婷，女，浙江旅游职业学院学生工作部（学生处）奖助干事。

打开人际交往枷锁　划破敏感关系牢笼

谌　佳

一、案例背景与概述

小李是某高职院校的大一学生，入学时他积极进取，凭借认真勤恳的态度得到了同学的支持，当上了团支书。因为父母都是党员，奶奶也经常给他讲中国共产党的故事，他心里对党充满了憧憬，他怀着一腔热血，成为入党积极分子。但他很快发现，大学里投票太靠关系了，他不得不经常去讨好同学，还因为自己学习态度过于认真，被同学阴阳怪气地对待，甚至因为不偏袒同学而被“穿小鞋”。他开始厌倦那份扎根在心底的正义，对人际关系疲于应对，渐渐地，他对入党的热情开始消减，对各种工作与报告的态度也开始变差。曾经那个一心想要为人民服务的他发出疑问：“入党积极分子可以退吗？”

二、案例分析与应对

（一）案例定性分析

这是在思想政治工作中面对学生“人际关系敏感”的典型案例。人际关系敏感是指不能正确处理个人与社会的相互关系，在人群中感到不自在，在人际关系上存在种种困惑，与同学和老师关系紧张。同时，此案例还存在班干部与班级成员间的人际交往不顺，对个人身份和学习态度产生怀疑的情况。

（二）问题关键点

经过与小李深入交谈，理解他想放弃入党积极分子身份并不是失去了对党的热爱而是对处处小心的人际关系心力交瘁。具体原因如下：一是太在意他人的看法，小李身为班干部，对他必然会有很多褒贬不一的评价，在与同学接触和交流的过程中，他没有正确看待这些评价，而是被负面评价所困扰；二是缺乏勇气与判断，小李看清班级投票风气的不正后并没有向班主任或辅导员报告，也没有及时作出指正，而是刻意讨好、迎合，以期换取支持；三是对自己不自信，小李学习认真，态度积极，却在一些同学的阴阳怪气下对自己的信念产生了动摇，对入党积极分子的身份产生了怀疑，将一切问题全部归咎于自己。

（三）解决思路和实施办法

小李"人际关系敏感"心理本质上是自我评价过低，"讨好同学"背后折射出的是满满的自卑与对自己能力的不认可。"人际关系敏感"如不加以有效引导，会狠狠打击学生的学习积极性，对自身身份和态度产生怀疑，甚至造成自我封闭，逃避交流的严重后果。应对措施如下：

一是自我评价，认识自己。对自己的能力，目标需要有清晰的认知。初入大学，他心里较为迷茫，容易陷入自我怀疑。必须想清楚自己的努力是为了什么，同时要树立牢固的理想信念，积极的心理暗示可以带领自己度过艰难期。

二是理性社交，分析自己。对自己的交往模式、交往圈子、交往关系进行分析，了解自己适合什么样的交往方式、喜欢交往什么样的人，保持什么样的交往方式最合适。不去强行融入所有人，过滤掉不良的、消极的人际关系，懂得正确社交。

三是询问他人，正视自己。他人对自己的看法对个人来说影响重大，不要片面地因为一些不好的言论就全盘否定自己在别人眼中的形象。要通过多与不同的同学交谈，寻求老师的帮助来正确认识他人眼中的自己。跨过交际壁垒，不因为一部分人的排挤就放弃自己，同时也要适当接受一些批评，正确看待同学们的评价并做出改善。

四是调整状态，释放自己。调整自己的心理状态，通过一些心理游戏、心理咨询，把压在心底的话说出来，不压抑自己，找到舒服的心理状态。遇到困难及时寻求心理老师和辅导员的帮助，关于班级内部存在的问题，作为班干部要与班主任及时沟通，一起改善班风，纠正错误。

小李通过自我评价正确认识了自己，坚定了入党的初心。通过老师的帮助积极调整了自身状态，把对班级的看法及现状告诉了辅导员，在班会以及与同学多次沟通后，班级的凝聚力有了很大的提升，大家与小李的关系也变得融洽。现在，小李已经可以与同学们一起学习，互相促进，对班干部和入党积极分子的身份也充满了荣誉感和使命感，人际关系不再是他迈向成功的枷锁。

三、案例反思与启示

近年来，人际关系处理问题在大学生常见问题中越来越突出。孤立与校园暴力在中小学乃至大学生之中频频发生，更不用说因为人际关系敏感而演变成焦虑抑郁的情况。小李作为高职院校“人际关系敏感”的一员，过于在意他人看法，自我评价低，具有一定代表性，需要反思。

（一）对“症”下“药”：找到真正困扰学生的病因所在，做到“药”到“病”除

学生消极对待学业，放弃争取进步的机会往往有很多原因，只有抓住问题本质，才能真正解决问题，让学习重归正轨。学生遇到人际问题大部分都会选择逃避，耻于向老师开口，我们要关心学生的心理状态，通过班会、谈话、座谈等方式了解学生情况，抓住核心问题，及时帮助他们摆脱困境。

（二）对“根”更正：学生人际关系问题的出现往往也会映射出班风的不正，要想以后问题不再发生，要及时更正

一个拥有凝聚力的班级班风通常是好的，我们看到学生遭受人际困扰的同时，也可以看到班级内部出现的问题。对于现在班级容易出现小团体、“关系户”等不正之风要及时处理。要通过调查问卷，以走访班干部等形式实时掌握班级情况，不让歪风邪气的种子播撒向我们学习的净土。

（三）对“心”传教：同学之间需要遵守各种原则，善待他人，而达到这些，则需要我们知于心、践于行

作为辅导员，在开学之初要召开期初班会，对学生进行关于同学相处方面的叮嘱；日常也需多组织班级活动促进同学之间的交流沟通；多开展理想信念教育，引导同学树立向党组织靠拢的积极信念；班委要注意班级氛围的培养，带动学习，组织团建；心理委员应多与同学谈话，普及心理方面的知识，帮助同学渡过难关；入党积极分子要发挥先进模范作用，引领班级正向发展。当大家都把人与人之间的原则铭记于心，同学之间的相处难题将迎刃而解。

专家点评

点评专家：刘颖，浙江旅游职业学院思想政治教育专业副教授。

步入大学生活，面临新的学习环境和生活环境，人际交往确实会困扰一部分同学，班级关系的不和谐、宿舍关系的不融洽会使他们产生迷茫和焦虑，特别是班干部、入党积极分子这类具有一定领导力的群体，自身能力的不足、理想信念的不坚定会给人际交往带来更大的冲击。这样的案例，具有一定的代表性。此案例有两点值得借鉴：一是通过良好的沟通让学生找到问题根源，帮助学生解开心结，从主动性上促使他们摆正自身位置，端正入党动机；二是通过班级建设让周围环境风清气正，通过规则的制定与遵守在客观上保证同类问题不会反复发生，具有长期性和有效性。

作者简介

谌佳，女，浙江旅游职业学院厨艺学院党建组织员。

学生寝室集体生活人际关系处理

徐　迎

寝室是大学生生活学习的重要场所。如何适应集体生活，与室友处理好人际关系，是大学生活的必修课。寝室人际关系一旦处理不好，学生将出现心理困惑、不良情绪反应等一系列问题，大学生活质量必将受到影响。帮助学生处理好人际关系，营造温馨和谐的寝室氛围，是高校思想政治工作的重要内容。

一、案例背景与概述

小 A 来找辅导员求助。该生自述寝室关系紧张，自己被室友孤立。回到寝室后，其他人都不和她交谈，也不邀请她参加集体活动。她主动找人聊天，主动邀请其他人一起活动，其他人都置之不理。小 A 觉得自己被孤立，不明白其他人为什么不接纳她。寝室关系紧张已经导致她焦虑、失眠，上课、学习都不在状态。

二、案例分析与应对

（一）案例定性分析

此案例反映的是学生无法正确处理寝室人际关系，导致不良情绪反应。

（二）问题关键点

一是帮助小 A 找到自己与室友的矛盾点，寻找解决矛盾的方法。二是帮助小 A 学会处理不良情绪反应的方法。

（三）解决思路和实施办法

1. 认真聆听，了解矛盾点

辅导员首先和小 A 沟通，发现小 A 因为确立了专升本的目标，经常待在图书馆、自习室，与寝室其他人沟通较少，也很少参加集体活动。小 A 专注学习，经常早出晚归，与其他人作息时间不一致。室友曾经向她提出意见，觉得小 A 打扰她们休息。小 A 觉得自己已经尽量照顾到其他人的感受，对于室友的反映她感到非常委屈。且由于小 A 在寝室时间少，对于寝室卫生疏于打扫，室友对她也有意见。双方曾经发生过争执。

2. 实地走访，全面了解情况

辅导员继而通过走访寝室，与班级学生干部、寝室长、室友沟通，全面了解情况。在其他人眼中，小 A 比较自我，说话做事并不顾及大家的感受，平时很少和大家交流。沟通时，小 A 不反思自己的问题，总觉得是别人为难她。

3. 引导学生主动沟通，消除误会

辅导员了解情况后，与小 A 再次约谈。首先，辅导员通过倾听，让小 A 释放不良情绪；同时积极引导小 A 换位思考，学会用合适的方法表达自己。辅导员通过圆桌会议的方法，组织小 A 与室友沟通。小 A 也意识到自己的问题，了解到对方并没有恶意，能够实事求是地看待自己和他人的问题。

4. 协同心理咨询中心，加强对学生的心理疏导

辅导员建议小 A 前往心理咨询中心进行心理咨询，进一步缓解压力，学习舒缓不良情绪反应的方式。

三、案例反思与启示

“00 后”一代更追求自我的独立性和价值感。如何彰显自我又与他人和谐相处是每个大学生人生的必修课，寝室关系就是很好的“试验田”。由于身心尚未完全成熟，价值观、人生观尚在形成阶段，大学生对很多信息缺乏正确的认识和判断。寝室同学来自五湖四海，成长环境的不同导致价值观各异，导致人际关系处理方式的多样化。而大学生人生经历相对单纯，对于多样化的人际关系准备不足，容易陷入自我怀疑和焦虑的状态。

（一）尊重接纳学生是解决寝室问题的第一步

解决寝室矛盾首先不能急于下判断、下结论，而应当兼听各方意见。这样才能真正与学生建立真诚互信的关系，全面客观地了解事实，为解决矛盾打下坚实的基础。

（二）辅导员应摆正自身立场，是“辅导”不是“主导”

学生才是解决寝室矛盾真正的主导者。辅导员可以是情绪的疏导者、矛盾的梳理者、解决问题的推动者，但不能越俎代庖，应该做好辅助，将矛盾解决

的主导权、决定权交给学生。

（三）寝室人际问题的解决需要思想政治教育方法和心理健康教育方法“双管齐下”

寝室矛盾的起因往往是学生的价值观、人生观出现了偏差。学生错误的思想认识导致错误的行为，进而导致寝室矛盾，学生因此产生焦虑、恐惧、愤怒等不良情绪反应。解决寝室矛盾要先从情绪入手，先用倾听、陪伴、共情等心理教育方法排解、缓和学生的不良情绪。其次，通过思想政治教育方法让学生认识到自己思想认识的偏差，纠正以往的错误观念，从而改变自己的错误行为，解决寝室矛盾。

专家点评

点评专家：王倩，杭州师范大学外国语学院党总支副书记。

寝室矛盾是大学生在日常生活中面临的常见问题，如何处理和化解寝室矛盾，对学生的学习和发展有着不小的影响。本案例中辅导员通过认真聆听、走访了解、引导沟通、消除误会等解决思路引导和帮助学生解决了棘手的寝室矛盾，作者认为“学生才是解决寝室矛盾真正的主导者”，如果辅导员在日常工作中能够坚持学生是“主导者”的视角和定位，很多问题和困难都能找到合适的答案。

作者简介

徐迎，女，浙江旅游职业学院旅游外语学院辅导员。

以和为贵化纷争　以情促改解心结

周永青

一、案例背景与概述

学生宋某与江某发生口角后产生肢体冲突。具体情况如下：两人在网络游戏过程中因配合问题，导致宋某输了比赛，随后两人发生言语冲突，并有推搡行为，经过多名学生劝说，两名学生才停止过激行为。

二、案例分析与应对

（一）查明原因，安抚双方情绪

辅导员在事后倾听双方讲述事件发生的起因与经过，查明事情原委，再做后续处理。处理问题的目的不是惩罚，不是安抚，而是教会学生寻求解决问题的办法，教导学生避免用武力平息自己的怒火，使陷入争斗的学生学会冷静克制并协调彼此之间的分歧。

（二）通报实情，消除家长误解

由于宋某、江某违反校规校纪，辅导员让两人写出整个事件的行为自述，即检讨书，并立即通知其家长，请家长到校会谈，对事情发生的客观经过，依校规等相关条例处理本次打架事件的情况做了通报，家长认识到事情的严重性，与辅导员一起做学生的思想教育工作，取得了很好的效果。宋某、江某认识到了自身的错误，相互道歉，并重归于好。

（三）召开班会，提高学生认识

整个事件处理完毕后，班主任与辅导员立即召开专题班会，组织学生讨论、交流预防和解决寝室人际交往矛盾冲突的具体方法，鼓励学生加强沟通，一起讨论寝室生活中的矛盾或冲突，引导学生学会站在对方角度思考问题，教学生正确应对负面情绪，提高自我管理、自我尊重、自我反省和自我观察的能力。并提醒全体学生，如遇到人际冲突甚至他人暴力相向时，其他同学应立即制止或劝阻，不能袖手旁观或大声鼓噪、吆喝，故意扩大事端。

三、案例反思与启示

（一）慎重处理寝室打架事件，疏导学生情绪

在本案例中，辅导员在第一时间找到打架的两名学生，没有用简单的批评、指责方式，而是分别倾听学生讲述事情经过，站在学生角度处理问题，体会学生的情绪和想法，理解其立场和感受，将体谅和尊重放在首位。在学生犯错误、痛苦难熬的时候给予忠告，不仅解决了问题，还给予了学生温暖，学生更信任老师，愤怒、不平衡的情绪得到了平复，便于学生快速冷静，重拾理性，有利于突发事件的终止。

（二）规范应急事件处理程序，消除后续隐患

辅导员在做好学生思想教育的同时，没有忘记让学生写下书面检讨和保证书，而且将家长请到学校，当面通报事件经过。这样做能避免学生向家长陈述事情时有所隐瞒，造成家长对学校处理意见产生误解的被动后果，同时，辅导员让学生写下书面材料，若两人再犯也有依据采取较严厉的处罚措施，是辅导员工作过程的重要证明。这种规范操作既能避免学校陷入产生误解的被动局面，又能对学生起到警示作用。

（三）及时关注人际交往冲突，提高思想认识

辅导员在事件处理后又在班级召开了专题班会，从寝室打架事件中发现学生在处理人际交往冲突方面的思想误区，借助班会统一学生的思想认识，对预防和制止类似事件有着重要作用。通过提高思想认识能够引导学生正确、冷静地对待和处理类似情况。另外，辅导员对旁观学生也做了思想教育，要求学生遇到类似冲突事件发挥积极的协调作用，及时制止事态进一步扩大，避免冲突事件演绎成更严重的暴力事件。

（四）重视学生思想状态，提高学生人际交往能力

辅导员在整个事件中抓住了寝室冲突事件的深层次原因，发现了学生思想中比较普遍的问题，高校中寝室矛盾十分普遍，如何正确处理人际关系是目前大学生感觉困惑的难点，这与大学生的整体思想素质有关，他们情绪易激动，自尊心强，习惯从自身角度看问题，再加上中学应试教育造成的人格教育缺失

及家庭教育造成的人际交往能力欠缺，使高校寝室成为矛盾冲突发生的密集场所，这是亟待高校引起重视的深层次问题。

（五）加强法制观念教育，消除冲突事件发生隐患

学生寝室冲突事件还暴露了学生对于打架事件的不惧怕心理，因此，应该加强学生的法制观念教育，让他们认识到打架可能带来的严重后果，树立底线意识，明确不能逾越的界限，学会用冷静、克制、理性的眼光看待问题，不敢轻易触碰法律、校规校纪，树立牢固的法律意识，这样才能有效杜绝类似冲突事件发生的隐患。

（六）注重学生品德建设，引导学生保持平和心态

学生间容易发生冲突，最根本的问题是做人，没有品德修养意识，自身的思想、品行、观念会发生偏移，看待人和事也会发生偏移，不平衡的心态就会产生，不冷静的行为就会出现。因此，要高度重视学生的品德建设，引导学生学会做人，帮助他们树立正确的世界观、价值观和是非观。在网络发达、正负面信息大量涌入的形势下，高校品德教育的主阵地应发挥积极正面的宣传作用，研究新形势下的德育方式和途径，引导学生做诚信、文明、理性、谦虚的人，学会做人。

四、案例思考与启示

如今很多学生都是独生子女，各自有各自的脾气，学生间容易发生冲突，在这种情况之下，身为他们的辅导员应该在劝解化解矛盾的同时探寻事情的本质，从根本上解决和预防此类事件的再次发生，同时应该在平时的学习和生活中多关心和观察学生的思想动态，第一时间了解学生的内心所想，这样才能真正避免学生之间矛盾的产生。

专家点评

点评专家：徐洁，浙江旅游职业学院工商管理学院党总支副书记。

寝室是大学生最容易产生人际关系问题和矛盾冲突的地方。寝室矛盾如不妥善处理，不仅影响生活、学习及心理状态，并且易引发暴力事件。本案例中，作者站在学生的角度，着眼于引导学生寻求解决问题的方法，学会自我管理与尊重他人，并由点及面延伸到旁观学生、班集体，从深层次进行原因分析、情绪疏导、提高认识，尤其是在加强校规校纪与法律意识等方面做出了很好的处理。

作者简介

周永青，男，浙江旅游职业学院工商管理学院学工办主任。

宿舍人际关系危机的个案分析与启示

余戴明

一、案例的背景与概述

何某，男，大一时与同宿舍小A结下“梁子”，内心趋向自我封闭。到了大二逐渐成为宿舍的“边缘人”，每每在宿舍都感觉“窒息”。他表示宿舍作息不规律，严重影响其休息，进而影响他的学习和生活。同时，辅导员觉察到何某无心向学，沉迷网络，十分畏惧外出实习，经常请假回家。于是，辅导员安排多次谈心谈话，获知问题的症结在于日积月累的人际关系危机。最后，经过多方努力，大三时何某终于突破“缚茧”，完成了学业。

二、案例分析与应对

大学生群体是人际交往非常活跃的群体，其人际交往呈典型的同心圆分布，即以自我为中心，以人际交往频率或感情亲疏为半径，随着人际交往圈一圈一圈缩小，日常接触次数依次增加，人际关系也不断增强。

该案例中何某与小A本来是朝夕相处的宿舍同伴，然而从大一开始就结下了“梁子”。这也印证了专家调查得出的结论，即大学生正处于心理学家所称的“心理断乳期”。在这个阶段，会表现出短暂的不安，性格与情绪不稳定常常诱发人际危机，而人际危机也常常发生在交往最为密切的群体中。大学生宿舍人际危机是大学生人际危机的主要表现形式。

人际认知的偏差及人际交往技能的缺失是产生人际危机感的重要原因。该案例中，何某大一时与小A结下“梁子”，到大二时成为宿舍的“边缘人”，发展到后来的畏惧外出实习、经常选择逃避回家，可见大学生人际危机感随年级的升高而升高的趋势较为明显，有些矛盾冲突并没有随着时间的流逝而消除，大学生迫切需要人际危机解决技巧方面的指导。进一步分析，大一的人际危机集中在作息习惯差异的矛盾上，到了大学二年级、三年级逐渐扩大到为人处世的差异及矛盾上，临近毕业又可能将焦点转移到升学就业等矛盾上。这说明我们要根据不同年级的特点，有针对地进行指导，把冲突降低到可接受的水平，甚至反过来有效解决问题，进而增强宿舍同学间的凝聚力。

三、解决思路和实施办法

（一）及早介入是辅导员有效化解宿舍危机的有效办法

大一通常是宿舍人际关系危机的潜伏期，因此及早介入是辅导员有效化解宿舍人际关系危机的有效方法。大学校园宿舍人际危机是高等教育现代化转型过程中出现的普遍问题，辅导员应该及早介入，及早预防，及时疏导，有效干预，降低学生心理危机案例的发生率，促进学生健康成长。

（二）角色互换是辅导员促使学生良好沟通的重要方式

化解宿舍人际关系矛盾，重在沟通。通过角色互换的思考方式能有效引导学生取得良好的沟通效果。案例中，辅导员可以有意识地安排小何参与人际交往的情景模拟，给小何和小 A 分配不同的角色，在角色扮演和互动中学习交往技巧，然后进行角色互换，体会不同角色在交往中的心理差异，锻炼他们有效交流的能力。

（三）空椅疗法是辅导员有效疏导学生对立情绪的特色做法

美国心理学家皮尔斯首创的完形心理疗法是一种颇具特色的心理疗法。他主张通过增加对自己此时此地躯体状况的知觉，认识被压抑的情绪和需求，整合人格的分裂部分，从而改善不良的适应。辅导员可以创造机会让小何通过自我内心两个分裂部分的对话，使其内在的对立与冲突获得较高层次的整合，即学习接纳这种对立的存在并使之并存，而不是去消除一个人的某些人格特质。

（四）心理咨询是辅导员有效消除学生人际交往障碍的主要途径

辅导员可通过课堂教学、专家讲座、学生社团等形式普及心理健康知识，传授心理调适方法，形成良好的心理健康氛围，帮助学生优化个性心理品质，提高心理健康水平，特别是面对感情脆弱、心灵苦闷、需要心理关爱和心理疏导的学生，爱心能够让他们重拾信心。

四、案例反思与启示

大学生所感受到的人际关系危机，往往是由作息习惯差异、为人处世差异、个体利益受损所引起的。辅导员应结合宿舍矛盾的根源早介入、早处置。

专家点评

点评专家：王庆华，浙江旅游职业学院千岛湖校区党总支书记。

面对宿舍人际关系危机，大学生处理的过程就是认识和分析冲突并寻求妥善解决的过程。大学生能否处理得当，关系着个体的身心健康及其社会化发展。我们应构建科学完善的大学生心理问题排查机制，心理危机防范与宣传处置、追踪及反馈机制，增强大学生沟通与合作能力，进而形成和谐的人际关系和合作性的学习氛围。

作者简介

余戴明，女，浙江旅游职业学院千岛湖国际酒店管理学院辅导员。

多措并举活课堂　多点发力促学风

吕月爽

一、案例背景与概述

辅助员所带班级任课老师在课堂上多次反映讲课时同学们的配合度低，抬头率低，“大家的魂都被手机勾走了”课堂上的氛围比较沉闷。班委为提高同学们上课的抬头率，改善课堂氛围，规定在教室使用手机存放袋，把手机集中存放，此举引发了部分学生强烈不满，认为这是治标不治本，不能从根本上解决学习动力欠缺问题，并且侵犯了学生的个人权利，因此两边都来找我要说法。

两边同学都气势汹汹地来找辅导员，各说各有理都觉得自己很委屈，互不相让，场面好不热闹。所幸的是，他们都是提前预约，我让他们分开时间找我反映问题，没有造成正面冲突，激化矛盾。但同在一个班集体，平时的相处都尴尬，更不用说日常班级工作的推进。这一事件的影响还是很恶劣的，必须快速解决。一方面，帮助改进班干部的班级管理方法，保障班委正常工作的推进；另一方面，借此机会整饬学风，彻底解决矛盾点，改善课堂氛围，提高学生的学习效率。

二、案例分析及应对

（一）案例定性分析

本案例的主要矛盾在于学生对设置手机存放袋的严重质疑和反对，而这很大一部分原因是因班委未经调研和论证而展开的相对简单粗暴的班风建设活动所造成的。因此，本案例本质上还是学业指导中的班级管理理念和方法改进问题。

（二）问题关键点

学风建设活动是班委组织的，矛盾双方是班干部与普通同学，这样的情况有利于辅导员从中立的角度解决问题。一方面，学生的不满点主要集中在班委的方法治标不治本，学风散漫的根本原因是学生缺乏学习动力；另一方面，则是学生认为自己的个人权利受到了侵犯。我们不难发现，学生的高度维权意识已然成为“00后”大学生的主要特点之一。

（三）解决思路和实施办法

本案例的关键在于化解学生与班委的矛盾，理解班干部为加强班级学风建设的初衷和行动；重点在引导学生提高学习动力，从根本上改善班级学风建设；成功在培养班委建立长效的学风建设机制。

1. 了解情况，表达“共情”

辅导员应了解事情本质，为日后解决问题打下坚实基础。全方位多渠道了解学生对收手机这一制度的不满之处、对班委的不满之处；班级学风不好的表现、原因，学生缺乏学习动力的原因。

理解学生对这个方式的质疑，对个人学习造成的困扰以及对其个人权利的冒犯，引导学生换位思考，理解任课老师的心情、班委的做法，聚焦问题的本质——学习动力的缺乏。

肯定班干部对班级学风建设负责任的工作态度，对他们的初心和委屈感同身受，但也要引导其认识到方式方法的偏差，以及造成了不好影响的事实。

运用心理学方法，用“此时此刻”和“那时那刻”解决学生问题。

“此时此刻”即告诉学生们此时此刻你们对这个方案不满意，那么我们共同来探讨一下还有什么样更好的方案，我们可以把班级列分为小组，利用团队共创的方式，共同探讨如何提高学习动力，进而找出更合理的方法；也可以利用手机学习类App，番茄工作法等来约束大家抬头听课，参与课堂。

“那时那刻”即引导学生了解和明白当很多年以后回头看这个事件的时候，你会发现学校对你严格、班委对你严格并不是一件坏事。你认为有兴趣的、你认为好的不一定就是完全正确的。那么这个事件可能在很多年以后都对你有潜移默化的影响。

最后，我们还要让学生懂得维护自己的权益是好的，但是要明白权利和遵守学校相关规章制度的关系与区别。既要懂得维护权益，也要遵守学校的规章制度。

2. 规范班级管理，加强对班干部的教育与培养

运用“共情”“倾听”等方式，纾解班干部的负面情绪，肯定做好学风建设的初衷，纠正其方式方法的激进，指导其在工作过程中多调研，多了解、多探讨，形成一套行之有效的解决方案；与班干部探讨交流班级管理方法：事务类的可通过指令执行，决策类的则要遵守流程，集思广益形成制度，活动类的则全体参与等。

引导班干部抱有持久工作热情，“简单的事情认真做，复杂的事情商量着办，办法总比困难多”，充分信任身边的同学，相信集体的力量。同时，严格要求自己和团队，形成正能量合力，发挥好表率和带头作用，增强其建设班级的信心。

根据情况，对班干部进行心理疏导，帮助其排解压力，平衡好学习和工作的关系，教会他们一些基本的自我干预、自我服务和自我管理方法。

3. 强化过程管理，完善学风建设考核机制

考核机制既有与学生毕业挂钩的考试成绩、到课率、抬头率等硬指标，也有与综合素质测评挂钩的学风建设贡献度。如担任学生学业帮扶的小组长、课代表等软指标，还要严格落实学业反馈、预警、留级等约束机制，强化过程管理，共同促进学生优良学风的养成。

三、案例反思与启示

学生层面：“95 后”“00 后”有着更强烈的自主意识、维权意识，要高度重视学生意见，耐心倾听学生声音，认真对待学生诉求，引导学生处理好权利与义务的关系，帮助学生解决实际问题和思想层面的问题。

辅导员层面：倾听不同声音，做学生的良师益友。学生有不满情绪，要及时自我反省冷静分析，拿出更有建设性的方案，不能简单粗暴地让学生服从命令；关注学生干部，给予必要的指点与帮助，杜绝班委“想当然”“一言堂”，让学生干部不仅想做好更能做好！

建立动态机制，探索新途径、新方法。养成良好学风，还要靠长效的管理考核机制。利用新媒体、新技术提高教师维护教学秩序的效率，调动学生的学习积极性，全员全程全方位覆盖育人过程，巩固学风建设成果。

专家点评

点评专家：谢振旺，浙江旅游职业学院酒店管理学院党总支副书记。

学风是一个学校整体风气的体现，是校园建设的重点内容。学风好不好，和课堂氛围密切相关，案例围绕学风建设进行深入剖析，综合运用各种方法激发学生，营造课堂氛围，促进学风提升，非常具有借鉴意义。

个人简介

吕月爽，女，浙江旅游职业学院酒店管理学院辅导员。

这个奖学金该给谁

王海瀛

一、案例背景与概述

小王，女，大学二年级学生，成绩优异，和班里大部分同学关系不错。小王与室友小李关系比较紧张，两人在大一时因为小组作业分工问题产生矛盾，后来在室友们的调解下，两人相安无事。大二开学初，学院组织评选省政府奖学金时，两人矛盾再次凸显。小王和小李学习成绩和综合素质测评成绩在班级里均名列前茅，但两人相比，小王略逊一筹。小王认为小李为人不坦荡、人际关系较差，不符合奖学金评比条件，于是向辅导员“举报”。

二、案例分析与应对

（一）案例定性分析

奖学金评比一直是在校大学生关心的问题之一。本案例反映的是在奖学金评定过程中，因人际关系出现问题导致的同学之间不认可的问题。经与周围同学和相关老师沟通发现，小王和小李两位同学平时都积极参加学校的各种赛事活动。两人的关系在小组作业出现矛盾后，没有得到有效的缓解，反而在互相较劲，暗自对比学习和比赛情况。班级同学对小李评价不错，不存在人际关系差的情况。省政府奖学金评比是两人新一轮矛盾爆发的导火索。

（二）问题关键点

帮助两人认识到产生矛盾的关键点。一是两人在分工时没有沟通好，对于对方的分工都存在一定质疑，并没有及时解决。二是在矛盾出现后，两个人都产生了回避的想法，拒绝解决问题。三是引导两人向前看，采取正向激励的方式共同进步。四是了解班级奖学金评定情况是否符合学校要求。

（三）解决思路和实施方法

1. 了解两人产生问题的具体原因

通过深入学生群体和任课老师，辅导员了解到两人是因为专业课小组作业分工问题产生的嫌隙。辅导员分别听取两位同学对小组作业分工的看法，发现两人存在误解，小王和小李都觉得自己做得多、对方做得少。本次小组作业排名决定了两人的平时成绩，所以两人都十分在意小组排名。辅导员请两人说出当时的情况，并引导两人解决矛盾。

2. 了解小李在班级和寝室内部人际关系情况

经调查发现，小李平时积极参加各类活动，也能够积极参与班级事务，人际关系良好，不存在小王说的为人不坦荡、人际关系较差的说法。辅导员告知小王要调查情况后再下结论，并希望小王能够将注意力转移到自身上。在日常学习生活中应该形成良好的竞争氛围，不能因为个人恩怨而进行不实举报。

3. 了解班级内部奖学金评定流程和公示情况

该班综合素质测评加减分均有流程性材料，公示情况符合学校要求，不存在评定不公平的情况。

三、案例反思与启示

（一）健全学生联络员机制

学生之间朝夕相处，能容易发现群体内部出现的问题，并能够发现背后真实的情况。在平时工作中，辅导员要积极与学生沟通，深入了解学生群体的情况。建立学生联络员队伍，确保学生群体内部出现问题时，辅导员能够第一时间获得有效信息，做到早发现、早解决。

（二）引导学生学会自行化解问题

组建学生团队，通过朋辈力量，培养学生自行解决问题的能力，并引导学生学会自检自查，在日常学习中快速成长。

（三）提升辅导员素质能力

作为一名辅导员，应该坚持以学生为本，善于发现问题，善于帮助学生解决问题，挖掘他们的潜力，引导学生树立正确的学习观、人生观、价值观，成为学生成长道路上的明灯。

专家点评

点评专家：李海芬，中国计量大学研究生学院副院长、教授。

奖学金评定过程中出现争议是比较常见的案例，辅导员在处理过程中能够及时了解产生矛盾的两位学生出现问题的根源，从源头帮助学生解决问题。建议：1. 辅导员可以通过本案例召开班会或年级大会，进行积极引导。2. 大学生人际交往矛盾是比较常见的问题，可以考虑从学生入学就进行正向干预，鼓励学生自行解决问题。

作者简介

王海瀛，女，浙江旅游职业学院旅游外语学院辅导员。

争做“理性人” 传播指尖正能量

曹 敏

一、案例背景与概述

小程，男，有一天突然在年级大群里发了一段视频，视频内容为室友曾某在宿舍里使用大功率电器（电煮锅）煮泡面吃。两位同学曾因琐事产生过摩擦，且不愿沟通，积怨已久。曾某看到后很生气，发大段文字回应。小程不服，和曾某在群里“互撕”，言辞激烈，情绪激动。其他同学看到后，纷纷在群里“吃瓜”起哄，发表一些讥笑打趣的言语，甚至截图转发。

二、案例分析与应对

（一）案例定性分析

这是一起因寝室矛盾引发的网络舆情案例。一是两位同学个性突出，积怨已久，不愿沟通。二是曾某违反校纪校规，使用大功率电器。三是小程以不恰当的方式予以曝光，造成更激烈的矛盾冲突。四是其他同学不仅不加劝阻，反而“看热闹不嫌事大”，讥笑起哄甚至截图转发，引发小范围的网络舆情。问题的根源在于学生个性过于张扬、社交能力不足，且网络素养和纪律观念淡薄。

（二）解决思路和实施办法

1. 控制舆情，纠偏为要

在新媒体时代下，网络因具有传播速度快、信息覆盖范围广、互动性强等传播特征，使得网络传播舆情环境变得异常复杂。尤其是校园里发生的事件，学生的关注度极高。小程和曾某在群里发布的激烈言论，引起同学们的传播，造成了不良影响。解决网络舆情，“快”字是关键。辅导员第一时间控制群里舆论发酵情况，约谈当事人，并了解转发情况，联系转发的同学删帖，尽可能地避免舆情扩散，积极把握舆情的主动权。

2. 综合研判，化解矛盾

事情发生后，辅导员第一时间介入干预，坚持客观原则，分时分地找矛盾双方了解事情的详细经过。谈话中，对学生进行遵守校规校纪教育和宿舍用电安全教育，并引导小程和曾某采用“背对背写一写”的方式，换位思考，学会包容和克制，深刻认识寝室和谐对于大学生活的重要性。同时，引导他们遇到问题时要学会寻求恰当的解决方式。

3. 主题教育，价值引领

针对学生思想问题，把日常管理融入思想政治教育中。联系寝室长，制订寝室公约，召开寝室会议。利用重大节日、重要纪念日开展主题教育，深入开展“四史”宣传教育，用英雄人物、时代楷模等典型人物故事教育和感染学生，引导所有学生树立正确的世界观、人生观和价值观。

三、案例反思与启示

（一）关爱学生，做学生成长的“知心人”

在日常工作中，辅导员应该围绕学生，服务学生，关照学生，多走访教室和寝室，了解学生的思想动态，要用爱培育爱、激发爱、传播爱，通过真情、真心、真诚拉近与学生的距离，滋润学生的心田，使自己成为学生的好朋友和贴心人。学生信任辅导员，遇到问题时才会第一时间想到辅导员，辅导员处理问题才能早发现、早介入，切实解决学生的实际问题。

（二）健全机制，助力打造良好的寝室氛围

寝室是大学生涯重要的修身求学载体，辅导员要积极思考处理寝室人际关系的新思路。同时，要完善“学校—院系—班级—宿舍/个人”四级预警机制，依托班级心理委员、学生党团骨干、学生寝室室长等群体，重点关注学生是否遭遇重大变故、重大挫折及出现明显异常等情况，降低因宿舍人际冲突引发的校园突发事件的概率。走进寝室、依托寝室，及时发现问题，解决问题，探索增进寝室情感的推进剂，不断打造良好的寝室氛围。

（三）因势利导，构建网络思政教育阵地

加强学生的网络素养教育和法治纪律教育，引导学生理性使用新媒体，遵守校规校纪，注意互联网言行，拒绝“键盘侠”，争做“理性人”，传播指尖正能量，增强辨别信息的能力。同时，加快构建网络思想政治教育重要阵地，

有效传播先进文化，打造官微、微博等高质量平台，发布学生感兴趣的优质内容，弘扬社会主旋律，传播正能量。

大学生处于“拔节孕穗”的关键时期，辅导员要做好思想政治教育工作，应持续发力，久久为功，引导学生志存高远，怀抱梦想又脚踏实地，敢想敢为又善作善成，以新时代好青年应有的姿态踏上新征程。

专家点评

点评专家：孙伟，浙江旅游职业学院马克思主义专业副教授。

习近平总书记提出思政工作要“因事而化、因时而进、因势而新”。新时代新阶段，学生的成长环境不同以往，“00后”大学生是“互联网原住民”，几乎是从小识网，处处用网。同时，其正处在世界观、人生观、价值观形成和确立的关键时期，甄别信息的能力有待提升，容易受到不同思潮的影响。作者针对一起因寝室冲突引发的网络舆情事件，按照“先控制，再了解，提方案，化矛盾，成经验”的处置原则，很好地展开分析和思考，对症下药，帮助学生解决实际问题，为小范围网络舆情事件的解决和处理，提供了很好的解决方案，是网络思政工作的典型案例。

作者简介

曹敏，女，浙江旅游职业学院旅游外语学院辅导员。

筑牢防范意识　系牢防诈“钥匙扣”

俞顺美

一、案例的背景与概述

2022 年 10 月 12 日，22 级定制班陈某某同学在微信朋友圈看到“旅院表白墙”赚钱广告，便将自己的微信账号借给骗子，希望借此获利。22 级会展策划与管理专业杨某某同学，在微信朋友圈看到陈某某微信账号（实为骗子）发布的信息，大致内容为“舅舅开了家咖啡店，现在正在做福利活动，转多少钱返三倍现金”，并配有其他人微信转账且秒返现金的截图。随后，杨某某通过微信与陈某某确认信息，分两笔先后向对方提供的中国工商银行卡转账 1314 元、中国邮政储蓄银行卡转账 1574 元，共计 2888 元人民币。杨某某在长时间等待后没收到返还的钱，与对方微信联系无果后意识到自己被骗，遂联系学校保卫处报警。在学校保安的陪同下，杨某某与陈某某当面核实情况，两人均意识到被骗。经过双方协商处理，陈某某不核实身份，随意出借个人微信账号，虽自身同样被骗未获得收益，但导致同学被骗造成了经济损失，学院决定给予陈某某处分，赔偿杨某某一半损失。杨某某误信他人，自行承担剩余的一半损失。

二、案例分析与应对

（一）案例定性分析

学生诈骗事件处理。该案例为学生诈骗事件的处理，主要存在几个方面的问题，一是轻易相信陌生网站上的信息。杨某某认为“旅院表白墙”为校内平台，活跃人员均为学校内部学生，通过该平台随意添加其他学院陌生同学。二是防诈骗意识不强。杨某某在第一次转账后未收到返现，对方以 1314 元档活动名额用完为由，让其参与 2888 元档活动，如此造成了第二次转账，被骗金额进一步增加。

（二）问题关键点

（1）帮助杨某某平复情绪，走出阴影。

（2）帮助杨某某提高反诈意识，防范诈骗。

（3）做好后续跟踪，及时帮助杨某某解决后续生活困难。

（三）解决思路和实施办法

1. 主动约谈，认真倾听

事件发生后，辅导员应第一时间联系学生了解情况。发现学生担心家长知晓，后续生活受困等情况后，主动询问关心其生活费是否充足。认真倾听学生本人对被骗过程的阐述，及时安抚，并分享同类型被骗案例，尽力缓解学生因被骗担心被家长责骂造成的心理压力。让学生感受到老师的诚心和对自己生活的关怀。

2. 家校联系、适当安抚

在交流中发现学生试图通过节衣缩食，隐瞒自己被骗的事情，不想告诉家长。事后通过观察学生朋友圈等方式了解此事件是否影响了学生的学习生活，私下与家长沟通，告知事件的前因后果、征询处理意见，并告知家长学生的心情。家长表示理解，会当作不知道并通过给微信红包转账的方式不动声色地适当增加学生生活费，维护学生自尊心，同时加强学生日常在家的防诈宣传。

3. 加强跟踪，召集班会

根据学院统一部署的校园安全与防诈主题班会安排，做好学生防诈骗宣传，通过案例分享、观看视频、数据展示等多种形式做好防诈宣传，提高班级其他学生的防诈意识。

三、案例反思与启示

（一）采用多种方式讲解，提高学生防范意识

对于校园安全防诈宣传，单一的讲解方式，学生不能深入情境感受诈骗分子的诈骗方式，感受不深。可通过分析案例、学生宣讲、观看视频、统计图呈现被骗数据等方式，更直观地展示校园被骗案例的主要类型、分析学生被骗原因，提高学生校园防诈宣传时效。

（二）作为班主任，努力成为学生的知心朋友

尊重学生、平等交流，平时工作中注意通过微信朋友圈、班级群等平台及时关心学生的学习生活动态，发现学生有困难及时给予帮助，让他们从内心里感受到老师对学生的关心与爱护，建立良好、和谐的师生关系。

专家点评

点评专家：周慧颖，浙江旅游职业学院旅游规划与设计学院党总支副书记。

防诈工作要做实做细，作者作为班主任，第一时间与学生取得联系，了解事件经过，深入谈心谈话，走进学生心里，做好家校联系，帮助学生解决日常生活困难。体现了教师的爱心、责任心，做到了以情感人，发挥了思想政治教育的传统优势。

作者简介

俞顺美，女，浙江旅游职业学院旅游规划与设计学院组织员。

播下“反诈种子” 共建“无诈校园”

徐先奎

一、案例背景与概述

校园安全是学生实现个体全面发展的重要保证，是高校工作中一项常抓不懈的重要政治任务。网络在带给广大师生巨大便利的同时，也给一些不法分子可乘之机，电信网络诈骗团伙将犯罪目标投向在校大学生。大学生作为知识群体，并没有因为他们拥有丰富的专业知识而减少诈骗案件的发生率，校园诈骗案件反而呈现高发态势。在全校开展“无诈校园”建设的大背景下，× 学院半年内竟发生 5 起学生电信网络受骗案件，涉案金额高达数万元，造成学生巨大财产损失。鉴于此，有必要对 × 学院电信网络诈骗案件的具体情况进行深入研究，提出对策，遏制电信诈骗的蔓延，维护校园安全稳定。

二、案例分析与应对

（一）案例定性分析

此案例反映的是典型的大学生电信网络诈骗问题，折射出大学生防范电信网络诈骗意识不强、法律意识淡薄等问题。

（二）问题关键点

一是如何做好受骗学生情绪安抚工作，帮助受骗学生及时止损。

二是如何加强学生防范电信网络诈骗宣传教育，提高学生防诈安全意识。

（三）解决思路和实施办法

1. 聚焦问题，研判电信网络诈骗形势

我校大学生电诈受骗类型主要集中于刷单类、购物退款类、冒充客服类。当今对大学生的电信网络诈骗表现为诈骗手段不断翻新，诈骗分子在实施诈骗的过程中主动出击，分工明确，精准掌握受骗对象的基本信息，诈骗成功后能够迅速通过第三方支付平台转移资金，给案件的侦破带来一定难度。为了做好反诈工作，需要教育引导学生努力提高自身的防范意识，对电信网络诈骗的常见手段、应对措施要有较为充分的了解。

2. 强化协作，构筑安全防范体系

学生充分认识防范电信网络诈骗的重要性，不仅有利于保护自身财产安全，也有利于“平安社区”“无诈校园”建设。就大学生而言，为减少电信网络诈骗案件的发生，高校内部必须构建学工处、保卫处、后勤服务处、学生反诈宣讲团等协同防范体系，加强学生们的防范意识和能力，最终达到减少乃至完全消除校园电信网络诈骗案件的发生。

3. 转变思路，落实安全工作责任

对防诈工作认识充分、主动性较高、执行情况较好的二级学院，在校生受骗情况较轻，安全形势稳中向好。这就要求高校一方面把防范电信网络诈骗工作明确分工，落实责任；另一方面把安全工作考核纳入相关部门、班主任和班级工作考核。这种目标导向和结果导向既能够支撑班主任和学生干部的工作，又可以激发他们的工作热情，同时，也能够增强大学生的安全意识。

4. 突出实效，破解安全教育难点

大学生电信网络诈骗案件频发，学生屡屡受骗，一是由于电信、网络诈骗简单易行且成本不高，犯罪分子的作案手段也在不断翻新；二是由于学生频繁使用互联网学习和娱乐，是电信、网络用户的主力军，但他们社会阅历较浅，电信网络安全防范意识和法律意识相对薄弱。做好校园网络诈骗的预防、干预工作，是新的形势下高校辅导员的一项重要日常工作，要求我们做到防治结合、以防为重，人防技防结合、防骗意识为先。

三、案例反思与启示

（一）构建防诈工作体系势在必行

电信网络诈骗犯罪是一个需要多主体参与的系统性工程，需要多主体在各自在治理电信网络诈骗中起作用。要在高校内有效预防、治理电信网络诈骗，就必须构建一套完整的防范电信网络诈骗体系，并不断提高大学生防范电信网络诈骗的知识水平，增强大学生应对电信网络诈骗的能力。

（二）加强网络安全教育必不可少

未雨绸缪，做好反诈宣传教育。通过设计防诈海报、制作安全公约、签订防诈承诺书等形式开展防诈宣传。通过始业教育、主题班会、安全宣讲团等形式开展反诈教育，打开全员、全程、全方位反诈新局面。

（三）多方合力防诈方可事半功倍

见贤思齐焉，见不贤而内自省也。辅导员要做“调度员”，协同各部门相互学习、取长补短，形成反诈合力。针对校园电信网络诈骗屡禁不止的问题，师生应共同携手，构建防范校园电信网络诈骗的铜墙铁壁。

专家点评

点评专家：陈方方，浙江旅游职业学院旅行服务与管理学院党总支副书记。

该案例是由网络诈骗事件引起的。针对当前大学生电信网络诈骗案件高发的局势，辅导员应不断提升应对违纪事件的能力，善于总结和分享防诈经验，进一步加强对学生的网络安全防诈教育，切实增强广大师生的安全感，进一步净化育人环境。此案例从辅导员角度出发，提供了应对电信网络诈骗，筑牢反诈“防火墙”的案例和举措，其经验和方法值得参考。

作者简介

徐先奎，男，浙江旅游职业学院旅行服务与管理学院辅导员。

五、

青春领航　助力成才

走出网瘾泥沼　走进阳光逐梦

梁　晨

一、案例背景与概述

小L，男，大二学生。父母做生意，平时小L与父母交流很少。父母称，只有每个月要零花钱的时候，小L才会给他们打电话。大一开学初，父母把一个学期5000元的生活费一次性打到他卡上，叮嘱他合理支配，然而，小L除了吃饭，钱都花在网游上，一个月就花完了。

期末考试期间，小L出现缺考情况，电话、短信都没有回音，直到晚上寝室关门，也未见他身影。父母反馈，没有和他们联系过。寝室同学反馈，小L平时较内向，与同学相处良好，喜欢打游戏。因一直处于失联状态，学院最终选择报警，在一家网吧找到了他。找到他时，他一脸憔悴，旁边放着一盒泡面。据他自己说，已在网吧玩了26个小时。因缺考、考试不及格等情况，小人出现学业问题，在退学边缘徘徊。

二、案例分析与应对

（一）案例定性分析

此案例反映的是网络成瘾大学生的成绩下滑问题。

（二）问题关键点

1. 学习、生活缺乏目标。

2. 社会支持系统不完善。

3. 存在自卑、焦虑心理。

（三）解决思路与实施办法

1. 搭建家校沟通桥梁——实践中，家校同关注协同帮扶

案例中，父母与小L几乎不沟通、不交流，父母不知道小L在校的学习、

生活情况，只知道他最近花钱比较多。鉴于此，加强课堂、晚归不归等考勤，有效建立“出现状况、立即沟通、采取行动”的反馈机制。定期或不定期与家长保持联系，让家长知晓小L在校近期的学习和生活情况，建议家长在管控零花钱的同时，对小L多鼓励、多支持。此后，我们经常会听到其父母反馈小L最近在校学习、生活的情况。

2. 营造朋辈陪伴氛围——实践中，感受温暖并懂得感恩

因为小L有旷课、迟到等现象，所以我们找了小L的一位同寝室同学小C时常提醒他上课、活动等。这位同寝室同学也成为我们关注小L的另一条途径，可以帮我们更进一步实时掌握小L的动态。在学业上，我们安排了班级学习委员在课后有针对性地对小L进行半小时左右的辅导，几个学期下来，他成绩提升，无学业警诫。在业余生活中，班级男生带着小L一起打球、玩网游（构不成上瘾）。小L反馈，真的很感谢陪伴他度过大学时光的老师们、室友们、伙伴们。

3. 随时切换教师角色——实践中，师生关系拉近了许多

尽管有同学的陪伴和监督，但小L依然觉得网游带来的快感会更强烈，对学习、生活有些迷茫。针对这个情况，我高频率地约他去食堂吃饭，顺便聊一聊近况，彼此先建立起了信任。学期期末，我带着他加入我所在的暑期社会实践团队，和队员们、小朋友们同住一个屋檐下，陪伴留守儿童欢度暑期，将他从虚拟的网络世界拉回到现实的学习生活中。与此同时，对小L加强社会责任感和职业生涯规划教育，引导其规划近期目标和远期目标。一学期后，小L觉得生活很充实。

4. 积极创造交流机会——实践中，改善了小L的精神面貌

小L因不擅长与人交流，出现焦虑、自卑等心理，所以他尽量减少与人交流的机会。基于此，我鼓励他来办公室当助理，小L逐渐认识了一些老师和其他专业的同学，明显感觉他话多了一些，能够主动去寻找解决问题的方法与思路。此外，帮助他调整认知，认识到自己的优点与不足，正确评估自己，建立信心，以积极乐观的心态与人沟通和交流。经过帮扶，小L毕业后一年就恋爱结婚了，我为他高兴。

三、案例反思与启示

（一）未见雨而绸缪，切实了解学生所需

完善学生个性化的档案。在与学生的交流中，应及时了解学生的爱好和兴趣，从他们所关注的内容入手，这样避免与学生在交流中流于形式、浮于表面。同时，保持敏锐的洞察力，鼓励其参加自己喜欢的活动，善于发现学生的长处与爱好，并帮学生找寻集体的归属感。

（二）集合力尽其用，做好学生的“伴读者”

建立健全学生的社会支持系统，及时掌握学生状况。与班主任、任课老师、学生公寓管理员、寝室成员、班委等定期联系，形成反馈联动机制，同时，进行家校联系，保持信息畅通，并做好相关联系记录。

（三）以其矛攻其盾，找准问题的突破口

大学生由于缺乏生活的磨砺，大多数心理脆弱，抗挫能力不强，面对挫折容易产生自卑、焦虑、逃避等心理。应加强大学生生涯规划教育及心理健康教育，使学生明确职业发展方向，掌握基本的心理调适方法，提升学生的心理承受能力和抗挫折能力。

专家点评

点评专家：徐洁，浙江旅游职业学院工商管理学院党总支副书记。

互联网对青少年是“双刃剑”。如果利用好了，会对他们带来巨大的帮助；反之则会产生巨大的危害。要解决这个问题，疏显然比堵更重要。作为教育工作者，应当鼓励孩子正确地使用互联网，同时告诉他们哪些东西是青少年不应该接触的，让他们意识到互联网环境的复杂性，并逐渐建立起一种“自我保护”的意识，这样他们在接触互联网时便不再盲从。

作者简介

梁晨，女，浙江旅游职业学院工商管理学院组织员。

上好开学第一课

陈威廷

一、案例背景与概述

（一）内涵

高职院校新生始业教育是高职院校人才培养的第一课，是根据高职新生特点，引导新生及时适应并融入大学生活所展开的准备性、引导性、拓展性的教育活动。

（二）内容

学院始业教育主要包含规章纪律、安全教育、生活保障、新生军训、思想引领、专业认知、生涯规划、心理健康、开学典礼、学生活动等，由实施单位视实际情况安排。

（三）目标

为了解决人才输出质量的问题，根据心理学中“首因效应”和教育学中“时机教育”理论，科学合理地开展新生始业教育，提升学生个人综合素质。

二、满意度调查分析

（一）学校满意度总体情况与我院排名

酒店管理学院2022级新生总人数888人，全员参与2022年浙江旅游职业学院新生满意度调查。数据显示：“始业教育满意度”与“迎新工作整体满意度”位列全校第一，远高于学校平均值；“班助满意度”位列全校第二，高于学校平均值；“新生带班辅导员知晓率”位列全校第四，处于学校中列，略低于学校平均值（见表1）。

表 1　2022 年浙江旅游职业学院新生满意度调查

新生满意度	始业教育满意度	迎新工作整体满意度	班助满意度	新生带班辅导员知晓率
酒店管理学院	95.52%	95.36%	97.17%	93.92%
学校平均值	92.39%	92.55%	96.24%	94.02%
我院排名	1	1	2	4

（二）我院新生满意度调查

1. 迎新工作整体满意度

86.7% 的新生对我院迎新工作整体满意度为“非常满意”，9.8% 的新生选择“较满意”，2.6% 的新生选择“满意”，三者共计 99.1%；0.6% 的新生选择“不太满意”，0.3% 的新生选择“非常不满意”，两者合计 0.9%。可见大部分新生对我院的迎新工作整体是满意的，少数新生是不满意的（见图 1）。

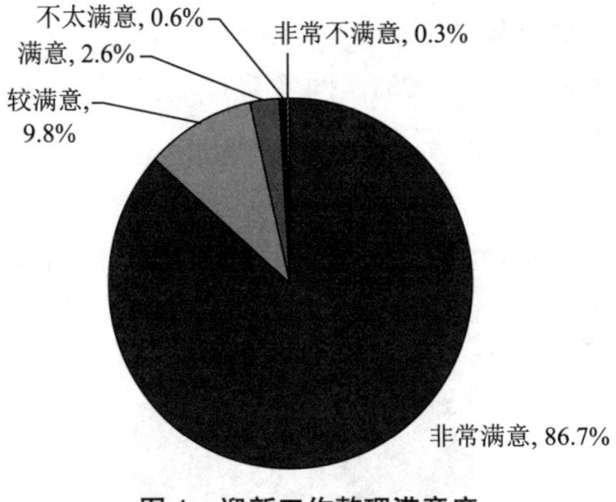

图 1　迎新工作整理满意度

2. 始业教育系列讲座（活动）满意度

88.0% 的新生对我院迎新工作整体满意度为“非常满意”，8.4% 的新生选择“较满意”，2.7% 的新生选择“满意”，三者共计 99.0%；新生选择“不太满意”“非常不满意”的各占 0.5%，两者合计 1%。可见大部分新生对我院的始业教育系列讲座（活动）是满意的，少数新生是不满意的（见图 2）。

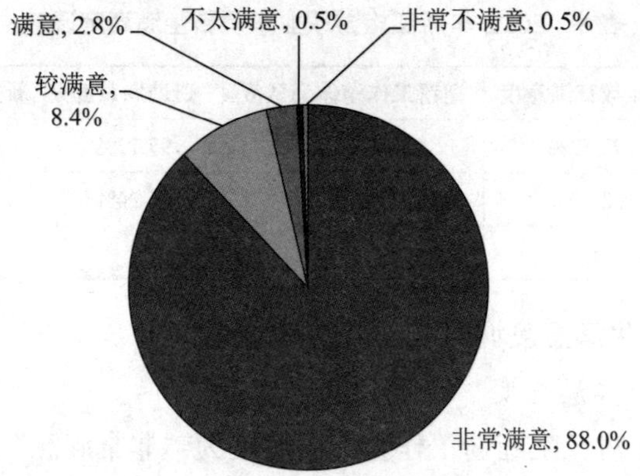

图 2　始业教育系列讲座（活动）满意

3. 新生对班助的满意度

92.7% 的新生对我院迎新工作整体满意度评价为“非常满意”，4.8% 的新生选择“较满意”，2.0% 的新生选择“满意”，三者共计 99.6%；新生选择“不太满意”“非常不满意”各占 0.2%，两者合计 0.4%。可见大部分的新生对我院班助是满意的，少数新生是不满意的（见图 3）。

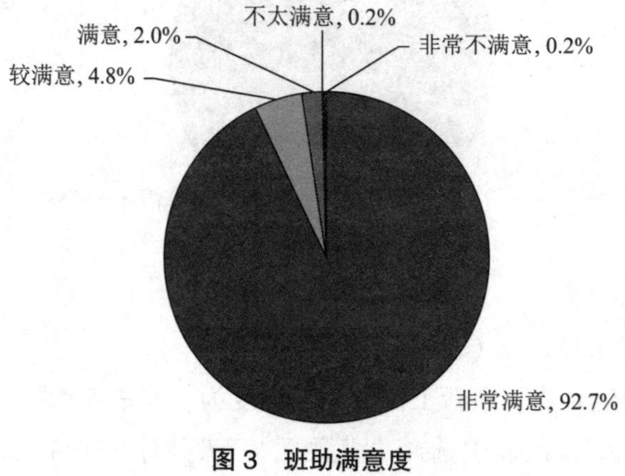

图 3　班助满意度

三、存在的问题

目前，我院对于新生始业教育普遍重视，但由于模式较为传统，在实践中存在部分问题。主要反映为下列问题：

（一）志愿者与班助服务不到位

一部分新生认为入学当天志愿者人数不够、志愿者服务不够热情；个别班助在带班时，无法控制情绪，与班级同学发生矛盾，导致部分新生对班助满意度不高。

（二）新生对带班辅导员知晓度较低

由于疫情防控因素，始业教育人员无法大量聚集，因此采用线上的方式介绍辅导员，但由于条件受限，部分班级存在不清楚带班辅导员是谁的情况，新生表示在开学初期与带班辅导员接触较少。

（三）指示牌设置缺乏

少数新生认为物资领取指示牌不够明确，在第一次入校时难以快速了解流程及领取物资。

（四）活动吸引力不够

少数新生认为活动虽然安排得密集有序，但活动本身没有吸引力。

四、对策和建议

高职院校始业教育是衔接高级中等教育与普通高等教育的重要环节，要全面强化始业教育方案，加大全方位支持和服务，积极组织好各类始业教育活动，多措并举提升始业教育满意度。

（一）强化队伍建设

坚持抓政治思想教育，通过对迎新志愿者与班助队伍服务培训，在日常工作中应充分发挥好朋辈引领作用；增加迎新志愿者人数；激发队伍的生机和活力，建立科学的用人机制，大胆改革用人制度。

（二）增强辅导员与学生情感

提高新生对辅导员的认识，带班辅导员应在开学初期尽快与各班学生见面，军训期间定期走访所带班级，不定期到寝室与同学交流，帮助新生尽快适应大学生活。

1. 增设迎新指引设施

迎新指示牌，可以通过展板、“薇薇”“笑笑”人形立牌等形式为新生做好入学指引；安排专人志愿者负责路线引领。

2. 丰富始业教育活动

在始业教育活动中安排学生喜闻乐见的文娱活动，例如，可以在开学典礼中适当安排文艺表演节目，在军训期间安排适当的师生互动类艺术活动。

专家点评：

点评专家：谢振旺，浙江旅游职业学院酒店管理学院党总支副书记。

始业教育是学生进校接受的第一个教育，对帮助学生尽快融入大学校园，适应大学生活，以及后续良好习惯的养成打下了坚实的基础。案例对学生的始业教育满意度进行了深入调研，对发现的问题进行研判，并提出了具有可行性的对策。

作者简介：

陈威廷，男，浙江旅游职业学院酒店管理学院辅导员。

多方关注　走进学生的内心世界

郭轶宸

一、案例背景与概述

2022年某日，国内外疫情形势依然复杂严峻。当周边出现密接、次密接需要隔离的情况、学校开展紧急疫情防控工作时，会有一部分学生对防疫工作的重要性认识不足，也有不少同学对学校的防疫措施产生抵触情绪。21级某班导游小L认为，学校管控措施过于烦琐，在未经请假的情况下离开学校，前往当时的中高风险地区，后又在未经报备的情况下返回学校，对校园的安全稳定工作造成了一定的影响。

二、案例分析与应对

（一）案例定性分析

此案例反映的是学生因为对防疫政策的不理解而造成的日常管理问题及违纪问题，涉及校园安全稳定的全局工作。

（二）问题关键点

一是小L对防疫工作的重要性认识不足，这既是对自己不负责任的表现，也是对别人不负责任的表现。

二是此案例说明学生群体中确实存在不理解防疫防控措施的问题，也存在着进出校园等日常管理工作中的疏漏，涉及宣传教育和纪律执行方面的不足。

此外，小L在疫情期间的一系列举动表明该同学缺乏相关的法律意识，未能认识到自己的行为有可能会触及法律的底线。

（三）解决思路和实施办法

为妥善教育引导小L及学校其他学生群体重视防疫工作，对自己也对他人负责，我们采取了以下几点措施。

1. 与小 L 约谈

严肃告知疫情防控工作的重要性，并了解其内心的真实想法。及时纠正他的一些错误言行，根据学校疫情防控管理办法和《学生手册》相关规定，予以相应的处分或批评。同时与其父母进行家校联系，促使其父母对小 L 进行共同关心及教育。

2. 开展全校主题班会

围绕什么是疫情防控、为什么要做疫情防控、怎么做好疫情防控，特别是针对当前疫情形势以及防疫相关法律知识等，做进一步的宣传教育，倡导建立正确的防疫观念、运用科学的防疫措施。

3. 在校内积极开展一系列小范围的线下学生活动

满足学生身心发展需要，培养学生抗挫折能力，舒缓学生在疫情防控背景下的学习生活压力和负面情绪，增强战胜疫情的信心和决心。

三、案例反思与启示

根据这个学生工作案例，我们有以下几点反思与启示。

一是坚持生命至上。运用合理的方式告知学生疫情防控工作的重要性，普及必要的法律知识，让学生从思想上，也就是从根源上，认识到自己应当积极配合疫情防控工作。

二是坚持关心关爱。保持与学生的良好沟通，了解学生所思所想，关注学生的思想动态，让学生知道有困难随时可以得到老师的帮助，有助于学生保持积极向上的良好心态。

三是坚持乐观开朗。在校园相对封闭的情况下，策划开展必要的校园文化活动，从学生的学习情况、兴趣爱好方面入手，做一些有意义且有意思的事情，营造开放包容、积极向上的文化环境，帮助学生渡过难关。

专家点评

点评专家：郭一，浙江旅游职业学院旅行服务与管理学院党总支副书记。

发现问题、分析根源、在复盘和反思中解决问题、完善管理，不失为工作的好方法。从这个案例中可看到校园日常管理中出现的问题，一是学生缺乏根源上的深刻认识，二是没有找到合适的舒缓压力的渠道，后续可针对性地开展宣传教育、管理流程的复盘梳理和完善改进，并可推广并应用在其他类似的安全管理工作中。

作者简介

郭铁宸，男，浙江旅游职业学院旅行服务与管理学院辅导员。

牵着蜗牛去散步

李默玉

一、案例背景与概述

小 H 同学是一名高职院校导游专业应届毕业生，在校期间表现优异，光荣入党。然而，受疫情影响，该专业就业形势不容乐观。临近毕业，小 H 的班主任老师向辅导员反映，平时一向优秀的小 H 同学在就业过程中竟然成了慢就业群体中的一员，在班级大部分同学已成功就业的情况下，他一点也不着急就业。追问他什么想法，他就找各种说辞，如要考完驾照再找等。

二、案例分析与应对

（一）案例定性分析

这是一起学生就业指导类案例，就业问题的背后可能存在态度消极、自我认知不正确等诱因。

（二）问题关键点

一是找到小 H 不愿积极就业的真正原因。

二是如何引导小 H 树立正确的就业观，科学谋划就业，回归正确的成长轨道。

（三）解决思路和实施办法

1. 了解情况，做学生的知心人

学生社区支部书记利用党员信息核查为由与小 H 进行“一对一”沟通。在与小 H 的谈话过程中，注意以轻松愉快的语气聊天，尽量避免说重话，给他造成太大压力。经过沟通，了解到其目前与哥哥在一起，哥哥公司也有合适的岗位可以应聘，但是有个硬性要求是必须取得驾照，过几天他就要考驾照了。因实操情况不理想，班主任老师联系他时心情不好，他就直接对老师说没有就业的打算，只是想尽快跟老师结束聊天。

2. 积极沟通，做学生的热心人

在耐心倾听小 H 的叙述后，结合其具体情况，辅导员及老师对其就业帮扶分三步走。一是营造安心备考驾照的环境，支部书记及时与班主任沟通情况，在考试完成前几天尽量不再与其本人联系，给予其备考的自主空间。二是班主任联系其父母，核实小 H 是否与哥哥在一起，以及哥哥公司工作岗位情况，确有其事。三是联系与其关系好的同学，通过同龄人的开导，缓解其备考压力。

3. 思想引领，做学生的引路人

考完后，小 H 顺利拿到驾照，成功就业。此时，他的心态从之前的紧张调适到放松、并在成功就业后重塑信心，支部书记再次约谈小 H，进一步加强思想引领。他也认识到之前与班主任的沟通存在问题，并及时向班主任道了歉。

三、案例反思与启示

（一）以生为本，厘清问题

运用相关理论和方法，循循善诱，推心置腹，深入谈心，与学生共同分析、研究和讨论，找出关键问题所在，对症下药，让学生敞开心扉，正视问题并一起探讨解决。

（二）党建引领，加强思政教育

此案例从表面上看是就业困难，但其深层的原因是学生思想不够重视，对就业形势缺乏正确认知。通过教育引导，帮助学生树立起正确的人生观、价值观，把就业的个人意义和社会意义有机地结合起来，激发其强烈的社会使命感。同时，配合开展职业生涯规划教育，为学生的未来生涯打下坚实的基础。

（三）家校协同，建立社会支持系统

该案例中学生存在消极应对的躺平心态。单从班主任、辅导员、支部书记的角度进行沟通，从学生的角度来说都是老师，但来自身边人的支持活动，能让他获得肯定、关怀、尊重、信任，构筑解决心理问题的支持网络，有效改善他们的生活、学习以及人际交往满意度，提高整体自信心，及时调整并保持良好的情绪状态。家校之间互相理解，在学生就业的问题上，大家的劲儿往一块使，才能帮助学生端正心态，做出最适合自己的人生选择。

专家点评

点评专家：郭一，浙江旅游职业学院旅行服务与管理学院党总支副书记。

好关系才能带来好教育，有的时候，情真意切、愿意倾听就是我们疏通师生关系最好的方法，让真正的教育在那些看不见的地方发光发热。大学生阶段是世界观、人生观和价值观塑造的关键时期，再优秀的学生也总会有那么一点小小的叛逆或“偏航”，这些都是正常的，可以被包容，成为成长的印记。因为，学生的成长需要过程，而教育学生就像牵着一只蜗牛在散步，守护着他们一起走过青春岁月，用教育智慧铸就师生共同的幸福人生。

作者简介

李默玉，女，浙江旅游职业学院旅行服务与管理学院辅导员。

学会平衡　向全面发展进发

邵凌云

一、案例背景与概述

周斌（化名）同学是体育生，体育成绩优秀，为人开朗乐观，积极上进。大一进校时成功竞选为班长，工作认真负责，深得同学们的喜爱。大二时，又成功当选了学生会体育部部长，工作出色。但小周同学并不满足于此，跟老师提出要创立社团、担任社长，一心扑在学生干部的活动中。结果导致其无法平衡学习和学生活动，学习成绩明显下滑。但他自己认为成绩下滑只是暂时的，自己绝对有能力处理好各种学生干部职务以及学业问题。

二、案例分析与应对

（一）案例定性分析

此案例反映的是学生因担任过多学生干部职务，无法平衡好学习和工作，导致学习成绩下降的问题。

（二）问题关键点

一是如何引导小周懂得取舍，懂得鱼和熊掌不可兼得的道理；学会“深挖一口井”，集中发挥自己的特长与能力。二是如何帮助小周平衡好学习和工作的关系，认识到大学生的本职和主业是学习，尤其是作为学生干部更要保持优秀的学习成绩，发挥好榜样带头作用，并科学规划大学生活。

（三）解决思路和实施办法

1. 主动约谈，引导他端正担任学生干部的动机

小周同学担任学生干部期间工作优秀且群众基础良好，约谈时先肯定其出色的工作表现，并表示他已具备胜任优秀学生干部的素质。同时，倾听他对自己工作的认识和规划，主要是了解他的大学规划以及担任这么多职务的真实原

因。倾听过程中要注重理清他担任每个职务背后是否有共同的目的，帮助他认识到自己真正想要的是各种头衔职务还是工作能力的发挥与提升。

2. 耐心倾听，引导他学会取舍，做深做精每件事

小周同学担任好几个学生干部职务，是否每个都做到位了，是否每个都充分发挥了自己的能力和价值。与小周交谈时，要耐心倾听他对各个职务的认识和阐述，充分运用开放式提问让他做出真实详细的回答，并运用释义的方法对其讲述内容进行整合，帮助他厘清自己的真实想法，让他认识到并不是担任的职务越多就越能彰显自己的能力，要适当学会取舍，做深做实、做精做细每件事，让自己做事更高效，让自己的能力得到最大限度的提升。

3. 寄予期望，引导他平衡学习和工作，争做优秀典范

辅导员注意到小周同学的学习成绩明显下降，但他自己认为这是暂时的。要让他诉说目前的学习状态及对成绩下滑的想法。在倾听过程中不要否认或贬低他的成绩，适当点头表示认可。引导他认识到学习才是大学生的本职，要注重平衡好学习和工作的关系，尤其身为学生干部，要起到榜样带头作用。此外，给予他信任和期望，希望他能做全方位发展的优秀学生，树立一个典范。

三、案例反思与启示

（一）善于发现学生的优秀品质并做积极正向教育

对于积极上进的学生要给予充分肯定，保护他们的自信心，如果对其予以责怪或质疑其能力，反而会引起学生的反感、对抗，学生就不愿意跟你诉说其真实的想法。肯定学生的优秀品质会赢得学生的尊重，同时，做好积极正向的引导会让教育更有价值。

（二）善于帮助学生厘清自己的想法并真心为他们的未来考虑

辅导员是学生的人生导师和知心朋友，大学生的心智很多并不像他们本人描述得那么成熟，他们考虑问题的角度也不一定全面。所以作为辅导员，要耐心倾听和引导，厘清学生讲话的逻辑和重点，并帮助他们进行整理反馈。这一过程并不是灌输教育，不能把老师的想法强加给学生。学生能够明白老师的用心，用真心真情方能换得学生的真心。

专家点评

点评专家：王庆华，浙江旅游职业学院千岛湖校区党总支书记。

因为大学生正处于青春成长期，在不断成熟的过程中，他们对于自我的认识可能会存在偏差，比如，过于自信或过度自卑。因此，作为学生工作者，尤其是辅导员，就要承担起人生导师和知心朋友的职责。本案例中辅导员的处理，给予了学生充分的肯定，同时指出其存在的问题，引导学生自己思考并改进问题，恰当处理。

作者简介

邵凌云，女，浙江旅游职业学院千岛湖国际酒店管理学院，学工办主任。

以生为本　做好起航的引路人

徐先奎

一、案例背景与概述

优化班风管理，把班级建设成苏霍姆林斯基所期望的“平和愉悦的精神共同体”，应成为每一位班主任的追求。以班风建设为抓手，打造班级“精神共同体”，对有效开展教育和教学活动至关重要。某新生班级，学生均来自职高，学习基础较差，学习兴趣不高，部分同学自卑迷茫，部分同学思想偏激。心理普查数据显示，该班有10位来自单亲或贫困家庭的学生存在心理异常情况。教官反映该班学生积极性不高，凝聚力不强，班风有待改善。如何打造优良班风，成为迫切需要破解的难题。

二、案例分析与应对

（一）案例定性分析

此案例反映的是，就个人而言是新生入学适应性问题，而从整体而言是班级管理或班风建设问题。其中，包括难以适应环境的改变、自我评价出现偏差、学业困难、心理困惑、人际交往困难等问题。

（二）问题关键点

一是如何帮助该班新生适应大学生活，缩短新生适应期。

二是如何引导班级建设优良学风，回归正确的成长轨道。

（三）解决思路和实施办法

1. 开展谈心谈话

辅导员对该班问题进行为期一个月的深入摸排，与学生面对面谈心谈话。新生对大学环境不适应，包括生活、学习、心理、交际等方面，程度也有所不同。经分析发现，原因主要有四个方面：学生多来自独生子女家庭，适应能力和独立解决问题的能力较差；学生在陌生环境中产生"孤独感"；理想与现实的大学生活存在强烈反差；学生因对前途、对未来感到迷茫，产生困惑。

2. 选拔和培养班干部

班干部作为班级建设的骨干力量，具有榜样示范作用。辅导员要联系班主任，通过查阅新生档案、深入班级调查、家校联系、考察军训期间表现等，精选、培养一批有能力、有担当的班干部，为班风建设提供强大的组织保障。

3. 抓好学生日常管理

辅导员走进课堂，关注学生的学习情况；深入公寓，了解学生的集体生活；联系家长，掌握学生家庭动态；认真准备和开展好每一次班会；精心组织好每一次班集体活动。同时，实时更新新生台账，并将台账内化于心，外化于行，让学生真正感受到学校和老师的关爱，真正找到家的温暖。

4. 帮助重点学生群体

辅导员用心做好新生始业教育和职业规划引导工作，通过线上线下多种形式解答每位学生的困惑。积极主动地做好"五类生"的工作，分析深入、工作细致，通过提供"一对一"的帮扶，实现"各个击破"。利用灵活多样、润物无声的教育方式，既切实解决学生的实际困难，又让学生感受温暖、接受教育。

良好班风不是一朝一夕营造出来的，需要辅导员持续发力。经过一个学期的持续努力，该班班风实现了"蜕变"。在辅导员和全体学生的共同努力下，该班表现突出：0 违规违纪、优秀寝室占比 17%；70% 的学生参加社团组织；优秀团支部；班主任考核得分优异等。该班在学院里树立了良好的形象，赢得了师生的广泛认可，也为其他班级树立了标杆。积极、上进、文明的班风让该班学生的精神面貌焕然一新。

三、案例反思与启示

（一）与学生建立信任关系，成为学生成长的伯乐

只有辅导员和学生建立起互信关系，辅导员才能走进学生的心灵，学生才会与辅导员交心，从而为育人工作打下坚实的基础。此外，辅导员要善于发现每位同学的优势，善于发挥教师的"期望效应"。正因为辅导员通过努力得到了全班同学的信任，才奠定了打造凝心聚力的班集体的坚实基础。发挥辅导

员、班主任的力量的同时，还要注意发动班干部、学生党员的积极性，让他们发挥模范带头作用。

（二）打造良好班风，给学生搭建发展平台

一颗种子能否发芽需要合适的温度、湿度和土壤条件。一个班级能否形成健康的班风，除了班级自身的潜力外，还需要良好的外在环境，对学生产生潜移默化的影响，处于良好状态的班集体可以带动学生个体的健康成长，学生个体的发展又能促进班集体建设。辅导员既要关心学生个体发展，又要关注班集体建设，为学生的健康发展创造良好的班级环境。

（三）创建文明寝室，为学生营造文明家园

“一屋不扫何以扫天下”。高校学生寝室既是学生生活场所、“第二课堂”、交际舞台，也是群体生活的关键场所，更是开展思政育人和劳动教育的前沿阵地。妥善解决好学生的起居问题，才能保证他们有更好的精神状态投入学习中去，更好地与他人相处，掌握良好的人际交往技巧。辅导员的育人工作要延伸到文明寝室建设工作之中。

（四）传递爱心真情，让学生感受幸福快乐

新时代学生不喜欢刻板的说教，他们需要充满爱心的老师。辅导员要学会倾听、欣赏及赞美学生的点点滴滴，做青年学生的人生导师，做青年学生的知心朋友。工作中要用心感化学生，坚持对学生有一颗爱心，让学生感受到阳光般的温暖，从而更加向善向美。

专家点评

点评专家：陈方方，浙江旅游职业学院旅行服务与管理学院党总支副书记。

大学新生由于刚步入大学，其人生价值观不明确或者缺乏人生目标，容易出现迷茫、不知所措的情况。而来自职高的高职学生由于学习基础较差，在面对需要自觉性较高的大学生活时，容易“走偏”。此时需要辅导员加以正确引导而不能任其自由发展。作者针对班级学风建设，对症下药，帮助班级建设优良学风，不失为一个优秀的案例。

作者简介

徐先奎，男，浙江旅游职业学院旅行服务与管理学院辅导员。

用心用情　做好学生成长成才的引路人

柴钧杰

一、案例背景与概述

小 A 同学，女，高职院校大二学生。该生一直住在混寝，有同班同学也有其他专业同学。某日，其他专业的小 B 找到小 A 班主任，反馈小 A 平时生活作息不规律，有时会熬夜到很晚，多次因起不来导致早课迟到。且小 A 不注意寝室卫生，桌面脏乱，曾使用过违禁电器。小 B 多次提醒小 A 同学要保持健康的生活作息，并帮助其打扫卫生，但小 A 仍无明显改变。小 B 当前正值入党积极分子考察时期，因担心寝室被扣分而导致其无法顺利入党，故找到辅导员反馈情况，希望能够解决问题。

辅导员与小 A 交流后发现，小 A 对于部分课程不感兴趣，缺乏明确的学习生涯规划，平时会开拓一些兴趣爱好，但容易忽略课程学习。而且小 A 交际面较窄，不善于主动与他人交流。

二、案例分析与应对

（一）案例定性分析

此案例主要表现为因寝室成员生活、学习作息不规律而引发的寝室人际矛盾。寝室生活是大学生集体生活的重要组成部分，人际交往活动更为频繁、集中，不同学生的性格有所不同，易引发人际矛盾。因此，要注意区分主次矛盾，抓住关键人物、关键因素，深挖根本原因，根据实际情况开展思想政治教育。

（二）问题关键点

关键点在于引导小 A 学会主动交流沟通，积极适应集体生活，重拾学习动力和信心。

（三）解决思路和实施办法

1. 尊重学生个性，搭起沟通桥梁

根据日常家校联系辅导员了解到，小A父母离异，父亲对其管理较为严苛，而母亲对其较为宠溺，家庭环境致使小A产生了逆反心理，偏爱单独行动，不轻易向他人表达个人情感，不轻易接受他人意见。因此，当室友指出问题时，小A并未意识到自身行为对他人造成的影响，对于室友的帮助习以为常，选择视而不见。在展开谈心谈话时，应当保持尊重的态度，主动接纳学生个性，理解学生采取行为的根本动机，表达对学生的关心关切，为之后的深入交流做好铺垫。

2. 直面核心问题，帮助寻找良方

小A性格比较内向、独立，不善于主动与他人沟通，更倾向于网络交友，交际范围较小，但对咖啡冲泡、文创设计等情有独钟，愿意付诸精力钻研，并乐于不断发现、尝试新鲜事物。在谈心谈话中，辅导员应当帮助学生正确看待当前面临的问题，引导学生多角度剖析问题产生的根本原因，从而意识到换位思考和积极沟通的重要性。同时，根据学生兴趣爱好，赞扬其钻研精神、创新精神，以及取得的进步，鼓励学生保持热爱，引导学生学会主动利用多方资源，助力课程学习，平衡好学习和爱好。

3. 多方共同配合，注重持续跟进

结合小A的家庭成长环境、性格特点、兴趣爱好等多方面因素，耐心引导小A及时调整心态，将重心转移至学习上，通过榜样激励帮助学生明确奋斗目标和职业规划，重新找回自信心和源动力，树立健康积极的学习态度。同时，邀请寝室成员共同参与对小A的学习帮扶计划，督促其遵守校纪校规，丰富课外实践，进而改善寝室人际关系，促进互帮互助，携手共进。

三、案例反思与启示

（一）做好寝室走访工作，倾听学生心声

作为一名思想政治教育辅导员，要积极关注学生思想动态，了解学生关心的、热衷的事务，把握学生的关注点、兴趣点，主动下沉寝室，了解学生的学习、生活、实习、就业等情况，为开展思政教育工作打下坚实的基础。

（二）做好谈心谈话工作，开展思想引领

要坚持具体问题具体分析，找准客观困难、主观症结，针对学生个性问题因材施教，避免先入为主、一概而论。耐心劝导，帮助学生正确认识错误，吸取教训的同时明确改正方法和努力方向。

（三）做好寝室建设工作，组织帮扶活动

辅导员要加强对大学文明和谐寝室建设的认识，指导大学生学会合理表达内心观点，正确处理人际关系，提高日常管理建设的管理意识以及引导大学生遵守规章制度的意识。

专家点评

点评专家：葛丽敏，副教授，浙江旅游职业学院旅游规划与设计学院党总支副书记。

耐心细致是辅导员应具备的品质，一名辅导员要具备良好的观察力，及时发现问题、深入分析，提出解决方案。

小A不注重寝室卫生，不能按时上课，实际上是其人生价值观不明确或者对自己的人生目标缺乏正确定位的体现，如不能加以正确引导而任其自由发展，将会导致寝室人际关系紧张，甚至引发冲突。作者能够有序开展谈心谈话，深入了解学生思想动态，引导学生重拾信心，希望今后能够继续加强日常思想政治教育工作，提前谋划，力量下沉，做学生成长的引路人。

作者简介

柴钧杰，男，浙江旅游职业学院旅游规划与设计学院辅导员。

强科教融合　育时代新人

姚镭栓

一、背景与概述

科研是立德树人的一个重要载体，是三全育人过程中不可忽视的重要环节。旅游规划与设计学院将科研育人确立为人才培养的重要途径，认真贯彻落实《浙江旅游职业学院关于全面推进“三全育人”的实施意见》，积极构建科研育人质量提升体系，充分发挥科研育人功能，优化科研环节和程序，完善科研评价标准，改进学术评价方法，促进成果转化应用，以高质量科研成果助推科研育人全过程，积极引导师生树立正确的政治方向、价值取向、学术导向，培养师生至诚报国的理想追求、敢为人先的科学精神、开拓创新的进取意识和严谨求实的科研作风。

二、工作思路

（一）坚持思想价值引领

落实破除“五唯”倾向，优化科研管理制度，明确科研育人要求，把思想价值引领贯穿学院科研项目选题设计、立项、研究以及成果运用全过程。坚持将思想道德作为科研育人工作的底线要求，构建集教育、预防、监督、惩治于一体的学术诚信体系，治理遏制各种学术不端和科研失信行为，加大教育宣传力度。

（二）加强创新平台建设

积极搭建师生科研交流互动舞台，通过加强双高专业群建设、教师教学创新团队建设、学生毕业设计答辩等，培养师生科学精神和创新意识。推动科研创新团队培育计划，努力培养青年教师和学生的科研团队精神和创新意识。

（三）完善评价激励机制

完善科研评价标准，改进学术评价方法，健全体现育人导向的学术评价标准和科研成果评定办法，并在二级学院年度考核方案以及学生评奖评优过程中予以体现和重视。

三、实施举措

（一）强化教师教科研项目的育人导向

旅游规划与设计学院认真审核科研项目选题的思想价值导向，将“三全育人”作为专任教师及行政人员科研项目选题的重要内容，坚持以“科研促教学，科研促育人”的定位，将育人功能渗透到科研活动各方面。

（二）建设国家级教师教学创新团队

旅游规划与设计学院依托双高专业群和文旅共同体建设，大力加强跨校、跨学科交流合作，以服务文化旅游产业发展为导向，以科研教学创新为路径，认真做好国家级教师教学创新团队建设，充分发挥团队在地方文旅调研、乡村振兴、科学研究、专业建设、社会服务等方面的作用。

（三）积极组建学生科研项目团队

旅游规划与设计学院依托新苗计划、挑战杯、互联网＋、乡村振兴、阳光助跑、万村景区化、微改造精提升等相关项目，组建由教师负责、学生参与的科研创新团队开展研究，鼓励教师将教科研项目、科研领域前沿研究成果融入课程设计、毕业设计等环节中，引导学生进行有关技术创新、应用创新的探索，努力提升学生的科研能力和实践应用能力。

（四）大力加强学生学术诚信教育

在事前、事中、事后三个阶段有针对性地进行学术规范教育，建立预防为主、监督和惩治措施相结合的学术诚信体系，对违背诚信行为的学生在各类评比中采取一票否决制并给予相应的处分和警示教育。对学生原创性项目、毕业论文或作品加强管理。在学生创新创业竞赛、技能竞赛创意设计类涉及版权、知识产权等内容的项目中，将其学术失信行为纳入学生诚信档案。

（五）深化科研育人激励机制

一是在年度绩效考核中对教师本人科研予以认定；二是在课时和绩效考核方面对教师指导学生取得科研和专业竞赛成果的予以认定；三是每年选树并表彰“红雁领 先锋行”教师先进个人之“科研先锋”。

四、工作成效

（一）教师在科研育人中取得丰硕成果

学院仅2020—2022年三年累计获得省部级课题立项8项，其中《职业教育景区开发与管理专业国家级教学资源库》项目获教育部重大科研项目立项；我院教师在三级及以上刊物以第一作者身份公开发表论文25篇，其中《我国红色旅游研究的文献分析与述评》被人大复印资料《旅游管理》收录，关于《优化乡村旅游运营管理推进乡村产业现代化》的建言获省长批示；3人被评为“科研新秀”；师生共同参与城镇乡村A级旅游景区建设、全域旅游规划、全省旅游业“微改造、精提升”行动计划、文化和旅游资源普查等横向科研项目50余项，在充分发挥高校社会服务功能的同时，全面提升学生的科学研究能力和创新实践能力，服务山区26县，助力全省大花园建设、乡村振兴和共同富裕。

（二）学生在科研竞赛中再创佳绩

在学院教师的指导下，近三年学生在科学研究和学科竞赛方面取得了重大突破，荣获浙江省“互联网+”创新创业大赛银奖，在“挑战杯”大学生科技创新大赛、浙江省乡村振兴大赛、全国大学生红色旅游创意策划大赛、全国红色旅游线路策划大赛、全国高校商业精英挑战赛会展文案（应急预案）创作大赛、全国高校商业精英挑战赛会展创新创业实践竞赛等省级及以上竞赛中获奖50余项；1个项目入选2022年度文化艺术职业教育和旅游职业教育提质培优行动计划；3个项目入选浙江省大学生科技创新活动计划暨新苗人才计划；成功打造浙江省暑期社会实践百强团队2支、风采大赛一等奖1组。

学生在国家级比赛中取得优异成绩

此外，旅游规划与设计学院对标本科院校，认真组织专科学生和旅游管理本科班学生的毕业设计和答辩工作，将毕业设计作为学生科研能力和学术诚信锻炼的重要渠道，指定专业导师从选题到调研、论文撰写全程严格把关，毕业生全员参与答辩，并“一对一”指导不合格学生进行论文修改和二次答辩，直至成果合格，通过高标准、严要求的科研训练，帮助学院更好地培养文旅行业高素质专业技能人才。

专家点评

点评专家：周慧颖，浙江旅游职业学院旅游规划与设计学院党总支副书记。

在旅游规划与设计学院的科研育人案例中，我们看到了三个值得学习推广的做法。首先，组织高度重视。旅游规划与设计学院高度重视、多方培育、重点支持科研育人项目建设，领导班子、专业带头人、科研骨干牵头组织、参与和指导各类高级别科研项目，成立高级别科研育人项目组织工作队伍、社会服务实践团队和高层次项目培育团队，定期举办各类线上线下、校内校际交流研讨会，从项目选题、项目论证及申报注意事项等多方提供精准指导。其次，教师多元成长。鼓励青年教师积极参与科研团队，构建青年教师和骨干教师、教师和学生之间的“传帮带”机制，在各自专业领域深耕，积极培育教师教学科研创新团队等各类有助于推动教师科研育人能力成长的项目团队。最后，学生重点参与。以生为本是高校办学的最根本遵循，将科研与学生培养相结合，在教科研团队建设中引导不同专业学生加入对应研究方向的教师科研创新、项目设计、应用推广、社会调研和地方服务等团队，提升学生科研思维和科研视野，助力专业知识的创新发展，提升实践应用能力。

作者简介

姚镭栓，女，浙江旅游职业学院旅游规划与设计学院学工办主任，行政党支部书记。

美好生活　从心开始

何燕萍

一、案例背景与概述

小明（化名）同学在大一入学时成绩排名在班级靠前，并且在学期初成功竞选并担任学习委员一职。但是，随着与班级同学相处时间的增多和了解的深入，小明同学本身的一些缺点也逐渐展现：小明同学平时是个急性子，做事有时候欠考虑。她心直口快，想到什么就会无所顾忌地表达出来，与周围其他同学的兴趣爱好、生活习惯也不太一样，因此和同学们的人际交往情况不容乐观。小明同学的5名室友曾多次向辅导员反映，不想与她同住一个寝室，希望进行调寝。

二、案例分析与应对

（一）案例定性分析

此案例反映的是学生因个人性格原因导致与寝室同学人际关系紧张的问题。

（二）问题关键点

（1）如何帮助小明同学觉察到自身存在的问题，处理好与同学的人际关系。

（2）如何引导小明同学深刻认识到个人与集体的关系，在表达自身个性的同时，顾及所在集体中他者的需求与感受。

（三）解决思路和实施办法

1. 多渠道了解情况

由于小明同学的5名室友都来反映想要调寝，辅导员开始留心调查这5位同学与小明同学的具体情况：是何原因导致她们都想要换寝室？是真的像A同学所说的，准备专升本需要一个更清静的寝室，还是像B同学说的那样，没有特殊原因，只是单纯地想换个新环境。A 和 B 所说的都不是必须调寝的理由，辅导员察觉到肯定另有缘由。于是，辅导员又找到小明同学班上的班长，请她平时注意留心观察一下这个寝室几名同学的日常相处情况，有问题及时报告。同时，辅导员又趁着走访寝室的机会，详细地询问五名同学想要调寝的原因。几名女生虽然支支吾吾，与上次所说的调寝理由有所出入，但是大致可以判断是因与小明同学关系不好导致的。

2. 多方面捕捉信息

辅导员同时也找了一些与小明同学接触交往较多的同学谈话，从侧面大概知道了小明同学一些为人处世的风格。小明同学寝室中的个人物品经常随意摆放，寝室卫生也做得不是很好。在一个学期的学习委员在任期间，做相关工作有时候对同学不留情面，会直接在线上班级群里或者班级中批评指责同学，对几个室友也是如此。

3. 找当事人沟通

辅导员找到小明同学本人，先询问她近期学习和生活情况，课程学习和完成作业是否存在困难等问题，顺着话题转到问她与室友关系如何。小明同学平时是一个大大咧咧的女生，说与室友关系还可以。然后辅导员提及她的几个室友都跟辅导员反映想要调寝，小明同学还笑嘻嘻地说："嗯嗯，我们寝室门口有吹风机，她们都要专升本希望换个安静点的寝室。如果换寝室的话也把我们分在一起吧。"看来，小明同学还不知道室友想要调寝的真正缘由。

4. 协调各方，共建和谐寝室

调寝终归是逃避矛盾的表现，不能真正解决背后存在的问题。这几名同学之间的矛盾会继续存在，对小明同学也会带来不好的影响。让这几名同学打开心扉，加强沟通和交流才是解决问题的最佳途径。于是，在接下来的时间里，辅导员多次找到小明同学的 5 个室友，给她们做思想工作，告诉她们同学之间存在误解和矛盾是普遍存在的，集体生活需要成员之间更多的相互包容和体谅，大家要珍惜在一起学习和生活的日子。几名女生都低下了头不说话。辅导员又再次找到小明同学，首先对她的学习委员工作进行了肯定，然后委婉地指出她在工作中存在的一些问题，特别是要注意多考虑同学的想法和感受。辅导员也转达了一些室友们对她的意见，希望小明同学能够主动了解室友的想法，认识到自身存在的一些不足，并能够及时改正。小明同学认真地点了点头，这样，寝室关系总算缓和了。

三、案例反思与启示

（一）大学生寝室人际关系是大学生人际关系的重要组成部分

寝室是大学生在校园重要的交际场所，也非常考验大学生的人际交往能力。与寝室同学关系不好的学生，通常表现得比较压抑、敏感和难以合作；而与室友关系融洽的学生心态一般也会积极乐观，有更多的精力集中于学习。因此，高校辅导员引导大学生之间人际关系的健康发展，对大学生的人格发展、心理健康、学习生活和构建和谐校园都具有重要的意义。

（二）人际关系是大学生面对的最苦恼、最难适应的问题

寝室既是大学生交际的重要场所，也是人际关系容易紧张和产生矛盾所在。影响寝室人际关系的有性格、消费水平、生活习惯、寝室卫生、缺乏沟通、不注重生活细节等多样化的因素。作为辅导员，要深入走进学生的内心世界、融入学生、了解学生，发现并分析真正的问题所在，引导学生相互之间多沟通交流，建立健康和谐的人际关系。

专家点评

点评专家：葛丽敏，副教授，浙江旅游职业学院旅游规划与设计学院党总支副书记。

大学生群体具备依附与独立并存、稳定与冲突依存、个性与归属同在等特征，寝室作为大学生在校学习、生活的重要场所，也是各种矛盾和冲突容易产生的场所。关键在于辅导员作为管理者如何在其中采取措施化解并缓和矛盾。在本案中这位辅导员在遇到问题后，及时采取措施，通过走访班级同学、与当事人深入谈心谈话等方式进行帮助，营造良好的寝室氛围，不失为一个优秀的案例。

作者简介

何燕萍，女，浙江旅游职业学院旅游规划与设计学院辅导员。

心存希冀　目有繁星　与宝藏男孩的不期而遇

王　欣

一、案例背景与概述

小林是某高职院校景区开发与管理专业的大一学生，该生进入大学后表现为明显的环境不适应，性格内向，沉默寡言，因与其他专业混寝的原因与同班级同学交流较少，总是独来独往，也经常错过班群各类通知；课堂上注意力不集中，经常打瞌睡，课余时间不喜爱参加比赛活动，要么宅在寝室要么自行外出；大一第一学期挂科两门，还存在迟到、旷课记录。辅导员与小林室友了解其生活情况，室友认为小林虽然话不多但与人和善，在寝室会主动打扫卫生，喜欢一个人在阳台上种植花草，平时也很少追剧打游戏，经常出校兼职。

辅导员与小林深入交流后发现，小林因高考失利进入高职院校一直非常自卑懊恼，对所学专业倍感迷茫，缺乏学习目标和动力，不善人际交往，过多沉浸在自己世界里，导致第一学期学习状态很低落，成绩不理想，自己陷入了深深的孤独和焦虑。

二、案例分析与应对

（一）案例分析

这是一则新生由于环境适应障碍引发的学业困难案例。学业困难又称“学习困难”，国际学术界最早的界定是美国教育心理学家科克（S.Kirk）于 1963 年提出的，现学业困难普遍认为是多种因素综合作用的结果：既有内因，又有外因；既有个人生理心理方面的因素，也有家庭社会等环境因素；既有先天因素，也有非先天因素。

本案例中的小林，省内生源，经过高考筛选表明其智力水平和学习能力本质上与其他同学没有太大差异，所以引发学业困难的原因不能仅仅归咎于学生的学习态度和能力，还需要了解其成长经历、性格特点、心理变化、兴趣爱好等，找出学业困难表象后的深层症结。

（二）帮扶思路

（1）精准“把脉”，追本溯源。小林初入大学校园，受高考失利的影响有些自弃迷茫，寝室与专业脱节的天然鸿沟加上其人际交往能力弱，更难以有效融入班集体，被孤独感深深裹挟中的他对校园学习生活失去了热情，课堂不认真听讲，课后作业敷衍了事，考前也不重视复习，导致成绩一落千丈。此外，辅导员了解到，来自农村家庭的小林非常懂事，利用很多课余时间兼职，想减轻家庭负担。

（2）鼓励“导向”，挖掘优势。小林虽然在大一第一学期出现学业困难，但他的成长意愿依然强烈，学习能力并不差，因对自身状态有所不满而焦虑。所以在交谈中辅导员一直以鼓励为主，引导他积极自我悦纳、分享《内向者优势》等书籍，肯定他身上勤俭自强、乐于助人等优秀品质，赞美他用绿植把宿舍阳台装点得生机勃勃，帮助小林建立大学学习和生活的自信。

（3）靶向“疗愈”，调整提升。专业融入困难问题，辅导员在询问小林意见后，联系后勤调整给他一个同专业宿舍的空床位，以寝室长和班委为核心，日常加强与他的信息交流，增强校园归属感；学业困难问题，辅导员帮助小林建立“心理疏导—朋辈辅导—教师指导—校友引导”四位一体帮扶机制，从性格提升、专业知识、职业规划、就业能力等各方面关心关怀，增强专业认同感；经济困难问题，辅导员了解到小林母亲有慢性疾病长期服药，为他申请了资助，减轻其经济压力同时劝导他兼职不能影响学习，增强他生活方面的自信；关于兴趣引导，小林喜爱的绿植和景区专业密切相关，建议他课余多学习园艺知识与同学们分享，增强自我效能感。

（4）追踪“复查”，久久为功。小林换了寝室后和同学们关系明显亲近起来，课堂表现和学习状态越发投入；他的微信朋友圈经常分享自己的绿植照片和园艺知识，许多同学都来关注点赞，在学院掀起一阵“创意绿植”风潮。后在辅导员的建议下，小林创立了校级园艺社团，吸引了许多对养护植物有兴趣的学生加入，在活动中小林也变得更加开朗自信。

经过后续的调整及成长，小林大二、大三学年学习成绩在本专业名列前茅，多次获得国家励志奖学金；他创办的园艺社团获评学校五星级社团，引领了一批又一批同学找到自己的专业热爱，自己也在活动中锻炼了沟通协调能力和组织领导力；他对绿植的兴趣爱好同步提升了自己的摄影水平，拍摄的校园风景屡获嘉奖，就业时也因为这一优势入职某五星级酒店宣传策划岗，完成从一名初入学的学困生向阳光开朗宝藏男孩的华丽蜕变。

三、案例反思与启示

慧眼识生，春风化雨，在思想政治教育过程中需要我们擦亮“爱学生”的双眼，融入他们，真正站在学生的角度去思考及引导、用心关怀，发掘学生身上的闪光点，因势利导，闪光点就会成为学生进步的起点。

实际工作中，作为辅导员也应积极思考，为何“往往在问题学生出现时才引起关注，而不是在学生问题萌芽时就能积极干预”。对待有特殊问题的学生，一味地批评教育是行不通、走不近的，找到学生异常表现背后的深层次问题才能纾困破题，而日常关心了解不够造成的不亲近和不信赖是学生与我们交流滞后的原因，也是我们防患于未然工作的重点领域。

风起于青萍之末，浪成于微澜之间。希望的微光点滴汇聚，助力学生认识自我、悦纳自我，在不知不觉中成长、求索与积累，探寻属于自己的蝶变之路，与更好的自己不期而遇，我们新时代思政工作者使命在心，责任在肩，担当而行。

专家点评

点评专家：周慧颖，浙江旅游职业学院旅游规划与设计学院党总支副书记。

学业困难是新生面临的常见问题，辅导员需要看到现象之外的原因，针对特殊群体制订特色化引导方案，对症下药，帮助学生克服学习困难。在校园适应和性格改善中，以学困生暴露的问题为切入点，发掘学生的优点加以引导，才能够有效帮助学生建立自信，增强学习生活的积极性，走向成长成才。

作者简介

王欣，女，浙江旅游职业学院旅游规划与设计学院辅导员。

六、

思想引领　成就未来

建构“三化”育人模式　培育入党积极分子

张城璐

一、背景与概述

入党积极分子队伍是党员队伍的后备军，加强对入党积极分子的培养和教育是做好党员发展工作的基础和前提。我院每年共开展两批业余党校，每年发展的积极分子有300余人，若能很好地抓住这个群体，发挥他们的榜样示范作用，落实学生工作，就有一个牢固的抓手。但是在实际管理中，入党积极分子这批人群，没有得到很好的发展培养，学生普遍存在入党动机不纯、党员意识薄弱、党性教育缺乏有效载体、模范作用后劲不足等问题。

本案例立足入党积极分子的培养与管理，围绕“心服务·星先锋”党建文化品牌内涵，深入探讨如何增强入党积极分子的身份意识，发挥先锋模范作用，进一步扎实推进学风建设。

二、分析与应对

（一）制定《酒店管理学院入党积分制赋分标准》

为进一步加强院入党积极分子培养考察的制度化和规范化，全面考察入党积极分子在校期间的学习及工作能力，提高入党积极分子的思想政治觉悟，增强入党积极分子的理想信念和服务意识，建设一支数量较多、结构合理、素质较高的入党积极分子队伍，在学校的赋分标准的基础上，我院制定《酒店管理学院入党积分制赋分标准度》，用于指导学生入党择优选拔工作的开展。人手一本《学生入党积极分子发展“星”手册》，根据当年的“星先锋”志愿服务活动，评选年度“星先锋”志愿者，进一步提高了入党积极分子志愿服务的意识。

（二）深化学生党建文化品牌

在学校“中国服务 先锋领航”党建品牌引领下，结合学院“心服务·星先锋”党建文化品牌内涵，进一步探索学生党建文化品牌。充分发挥入党积极分子的群体优势，挖掘打造育人载体，突出党组织在思想引领方面的重要性，推进学生自主管理。学生社区党支部定期开展“阅经典·悦青春”读书会、“爱国传声筒”，每期都会邀请入党积极分子参与，在学习交流中强化身份意识。动员入党积极分子参与分享微学习和微党课，引导入党积极分子主动参与红色文化内容创作与传播，从而让党史学习教育入脑入心，更好地营造青年大学生学党史、知党情、感党恩、跟党走的良好氛围。

（三）开展“党建进社区”系列活动

与学校“一站式”学生社区建设相结合，充分发挥党建活动室的平台作用，组织入党积极分子在创新书院（党建集装箱）、党建多功能活动室内，定期开展政治理论学习、主题党日活动、谈心谈话、红色读书会等。设计红色元素，打造红色育人阵地，设立电子屏幕，滚动播放时事政治、“党史上的今天”等。建立可移动红色书刊报纸栏，订阅学生喜闻乐见的党建励志类读物，并建立书刊借阅制度，免费供同学阅读，充分发挥其宣传共产党先进思想、学习先进党员精神、召开内部交流会议等功能，同时，积极取得学校各职能部门的支持，依靠各种力量，形成合力，从而使学生社区成为入党积极分子培养的坚实阵地。

三、反思与启示

（一）管理制度化

通过完善入党积极分子的考核评价机制，以学生社区党支部为纽带，与学院辅导员建立联系，形成共同管理入党积极分子的机制。一方面，让入党积极分子接受广大同学监督，以高标准严格要求自己，促进了自身成长；另一方面，较为全面地掌握入党积极分子的综合表现，把他们的日常表现与组织发展、党员考核、评奖评优等相结合，激励其争先进、树模范。

（二）活动品牌化

定期组织开展特色品牌活动，融合“心服务·星先锋”党建文化品牌，既要有组织、有计划地安排专题报告、政策宣讲等理论学习，弘扬主旋律，也要通过校园文化熏陶、实践体悟、朋辈示范引领等途径，在入党积极分子中开展“亮身份”行动，设立党员示范岗，引导入党积极分子亮身份、树形象、作表率，将育人力量和育人资源融入学生日常学习生活的方方面面。

（三）队伍专业化

在学校党委统一领导下，充分发挥基层党支部“细胞作用”，学生社区党支部的学生党员，带领积极分子党建带团建开展具体活动。以学习型党建平台为依托成立学习互助小组，带动专业学习，成为第一课堂的有力补充。发挥党员队伍作用，切实为入党积极分子的培养奠定良好的组织基础。

专家点评

点评专家：谢振旺，浙江旅游职业学院酒店管理学院党总支副书记。

学生党员的发展和培养，应培养好、发展好、利用好学生党员，发挥其榜样先锋模范作用，引导青年学生在思想上、行动上向党组织靠拢，积极投身于中国式现代化建设，是落实“立德树人”根本任务的重要内容。该案例从制度建设、品牌培育、队伍建设等方面，提供了一个非常具有特色的解决方案，值得借鉴。

作者简介

张城璐，女，浙江旅游职业学院酒店管理学院组织委员。

你想做一个什么样的学生干部?

金浩伟

一、案例背景与概述

小孙，2019级某班学生，学院学生会副主席，退伍士兵，平时在学院各类活动中表现出色，得到学院老师们的认可。在一次班级入党推优活动中，小孙仅获得5位同学的选票，他因此质疑投票的真实性，向学工办老师投诉要求重新投票，学院接到投诉后成立调查小组，积极调查事件真相。辅导员根据具体走访结果，发现小孙存在逃避班级事务、耍官威等问题，更有同学直言小孙有“两副面孔”，不符合推优标准。

二、案例分析与应对

（一）案例定性分析

此案例反映的是学生干部因缺乏正确的价值观念导致的问题。

（二）问题关键点

（1）如何引导学生干部树立正确的理想信念，树立服务师生的正确理念。

（2）如何帮助小孙与班级同学解开心结，使班级关系更加和睦。

（三）解决思路和实施办法

学生干部是辅导员和普通同学中间的桥梁，是学生工作顺利开展的重要媒介。但是具体工作中，我们发现，个别在老师面前表现良好的学生干部在同学面前仿佛完全换了一副“面孔”。辅导员难免遇到这种情况，具体应对措施无外乎以下几步：

1. 寻找事情真相

通过找相关人员谈话，确定矛盾点，给事件定性。

2. 事件追根溯源

通过班级同学谈话，确定推优中是否存在问题。

3. 解决具体矛盾

在学工办老师、班主任的见证下再次进行推优，对“双面人”小孙进行批评教育和价值引导。

三、案例反思与启示

（一）多方了解，仔细倾听

要更好地了解问题的实质，就必须要深入了解学生干部的日常表现。既要找各班同学，也要找其他学生干部了解情况，深入了解学生干部的真实表现。

（二）加强理想信念教育，树立正确价值观

归根结底，学生干部出现表里不一的情况，还是没有树立正确的价值观念。习近平总书记鼓励广大青年人要励志做大事，不要励志做大官。有的同学把学生干部身份当成一层镀金，却忽略了学生干部服务师生的职责与使命。

（三）完善考评机制，定期谈心谈话

对于学生干部的评价，不能只看其在老师面前的表现，还要兼顾广大学生群体的评价，兼顾多个层面，才能做到客观公正的评价。同时，辅导员要定期与学生进行谈心谈话，关心学生学习生活，及时进行价值引导与思想引领。

专家点评

点评专家：谢振旺，浙江旅游职业学院酒店管理学院党总支副书记。

学生干部是辅导员的重要抓手，也是学生非常关注的群体，如何选好、用好学生干部，是每个辅导员需要认真考虑的事情。学生干部的选拔和管理，是学生关注的大事，既要本着对学生干部的保护，也要本着实事求是的原则，做好过程管理，确保公平公正。

作者简介

金浩伟，男，浙江旅游职业学院酒店管理学院辅导员。

拒绝躺平　先就业再择业

芦　婷

一、案例背景与概述

疫情期间旅游业几乎停摆，导游专业学生小朱没有办法依靠本专业知识和技能就业，先去一家民宿实习了一段时间，感觉工作不是她想要的样子，就回家准备专升本考试。专升本考试前一周，小朱突然联系我说："来不及准备考试了，决定放弃。"我回复说："受疫情影响，考试很可能延迟。"一周后，考试果然延期一个月。但不久后，我再次联系小朱，她竟仍然放弃了专升本考试。此后，也没有再去找工作，在家躺平 4 个月有余。

二、案例分析与应对

（一）案例定性分析

此案例反映的是学生因就业受挫，害怕挑战、害怕接触社会的躺平心态。

（二）问题关键点

（1）如何帮助小朱走出去找工作，积极应对就业困难。

（2）如何引导小朱在没有办法在理想岗位就业时，树立正确的就业观，科学规划职业生涯。

（三）解决思路和实施办法

1. 主动约谈，认真倾听，确立信任

发现小朱日常躺平的情况后，辅导员主动询问关心其学业、职业发展情况，并与他沟通约定具体的谈话时间和地点。在与小朱的谈话过程中，辅导员认真倾听小朱本人对学业、职业生涯的陈述和自我归因，其间可通过点头示意等方式传递老师对他陈述的尊重，并表示出老师对他现状的关心和重视，尽力缓解小朱因为长期不就业，不外出接触社会而导致害怕失败的心理，让小朱感到老师的诚心和对自己职业生涯的关怀，确立基本的信任关系。

2. 敏锐观察，适当安抚，引导认识

在耐心倾听小朱自我陈述的过程中，特别是后期，要敏锐地察觉小朱的神态、语言和坐姿所发生的种种细微的变化，通过细心察觉她陈述时语气、面色和神态所发生的变化，及时进行适当的正面安抚，语句要简练温馨，引导小朱正确看待理想职业和就业之间的关系，厘清先就业对自身心理、个人发展等方面的作用，让小朱认识到就业和择业的辩证统一关系。

3. 耐心疏导，积极调适，真诚感化

结合小朱家庭成长环境、性格特点等多方面因素，辅导员了解和掌握了小朱躺平心态的形成过程，并对问题成因进行分析提炼、梳理辨别，在此基础上及时运用合理、有效的方法进行耐心疏导，用真诚和爱心给予小朱温馨的关怀和体贴，引导小朱调适心态、建立自信、重塑自我，形成健康的、积极上进的职业生涯发展观。同时，要进一步把思想引导、心理疏导与就业困难辅导有机结合起来，帮小朱分析就业躺平的种种不良后果及如何科学规划职业生涯，真正实现心灵导航的综合效能。

4. 制定规划，逐步提升，增强自信

邀请小朱参加学院举办的网络招聘会，要求小朱一个星期内投递 5 份简历，完成 3 场面试，针对小朱的职业生涯规划书中出现的问题，给予她一一指导。同时，用已毕业优秀校友的成长经历鼓励小朱向他们学习、看齐。给予一定的指导，帮助小朱克服困难，帮助其找回自己的替代性职业目标，使之不再逃避现实，从虚幻的想象世界回到现实的生活环境，从而建立起面对现实生活的信心和勇气。

三、案例反思与启示

（一）批评解决不了问题

对于失去主动寻找目标能力的学生，如果一开始就给予惩罚或批评，不仅不能使其脱离躺平状态，反而会引起学生的反感、对抗。辅导员应该在详细了解产生问题的原因后，根据具体情况制订解决方案。

（二）爱心、耐心、诚心，方能知心

要尊重学生、平等对话，给予他们帮助和更多的参与机会，让他们从内心

里发现老师是在帮他，促使他们内心转化，从思想上认识到自己的错误。

专家点评

点评专家：郭一，浙江旅游职业学院旅行服务与管理学院党总支副书记。

大学生毕业躺平，实际上是其人生价值观不明确或者对自己的人生目标缺乏正确定位的体现，如不能加以正确引导而任其自由发展，将会导致大学生毕业即失业，产生就业心理障碍甚至人格扭曲。作者针对学生长期躺平导致失去工作动力及能力的情况，正确分析该生迟就业慢就业的原因，对症下药，帮助学生制定科学的职业规划，不失为一个优秀的案例。

作者简介

芦婷，女，浙江旅游职业学院旅行服务与管理学院辅导员。

实习还是创业

颜育众

一、案例背景与概述

小马，男，浙江温州人，担任班级副班长，在校期间表现良好，是一个活泼开朗、乐于探索的大男生。大二第二学期，家人想让他回家实习，他个人希望和室友创业。虽然他前期通过自身努力已初步拟订了创业构想，但对创业缺乏足够信心，也缺乏相应的技能指导。到底是回家实习还是创业？他不知道该如何选择，显得比较迷茫。许多学生也面临同样的问题，缺少创业相关课程学习，缺乏创业相关知识与技能指导。如何培养学生创新创业能力，解决学生创业中遇到的问题，成了急需破解的难题。

二、案例分析与应对

（一）案例定性分析

显然，这不是一个学生因创业产生困扰的个例，而是大部分学生缺少创业理论学习与实践指导，造成创业信心动力不足和素质能力欠缺的问题。据调研，现有人才培养计划中缺少创新创业相关内容；在就业指导课中也少有涉及，或更多的是理论知识，不能切实有效解决学生创业实践中存在的问题。同时，创新创业教育是国家创新驱动战略和高等教育的重要内容，营造良好的创新创业氛围也是刻不容缓的事情。

（二）解决思路与实施办法

1. 完善创新创业课程体系，促进专创深度融合

该案例反映了学生创新创业理论学习不足的问题。要依靠学院建设国家双高专业群契机，将创新创业课程体系和专业教育课程体系有机融合，构建创新创业教育和专业教育深度融合的课程体系。结合学院实际，利用各专业的

优势，开展创新创业师生培训课程，将创新创业融入专业课程体系建设。合理开发和利用专业实践平台，积极开展创新创业教学实践，增强创新创业教育实效，提升育人成效。

2. 以创客班为抓手，培育创新创业人才

该案例反映了学生创新创业精神动力不足的问题。学院应开设创客班，招收具有创业意愿的学生，依托专业，开展高素质创新创业人才培养。通过创业理论、创意激发、创业实训、创业孵化等学习培训，以开拓创新思维为先导、打造领导力为核心，形成深度学习社群，促进各界资源对接，落地孵化创业创新项目。着力培养一批具有创新思维和企业家精神的创新创业精英。

3. 以创新创业大赛为契机，搭建实践育人平台

该案例反映了学生创新创业素质能力不足的问题。要以赛促创，孵化项目，主动依托各专业校内外资源，通过汇聚政、校、行、企等各方面力量，共同构建可持续发展的创业实践平台。通过以赛促教、以赛促学、以赛促创，融通学生的学习空间、竞赛空间、创业空间。进一步推动师生参与创新创业行动，提炼、选拔有发展前景的创新创业项目，培育有发展潜质的优秀创新创业团队，挖掘有良好素质的优秀创新创业人才。促使学生能在竞争激烈的竞赛活动中体验创新创业的乐趣，提升创新创业能力。

四、实施成效

两年以来，100 余名学生加入创客班学习，40 余名学生成功从第一期“创客班”结业，5 名学生成功创办企业，2 个项目融资到账 15 万元；20 余学生参与创业项目，10 余个项目入围“互联网 +”“挑战杯”等创新创业相关赛事。其中，在第七届、第八届中国国际“互联网 +”大学生创新创业大赛国赛上，我院同学分别斩获银奖 1 项、铜奖 2 项；在浙江省第十三届“挑战杯”大学生创新创业大赛获金奖 1 项、银奖 1 项；第八届浙江省“互联网 +”大学生创新创业大赛决赛获得 2 金 1 铜。

五、案例反思与启示

实习还是创业？学生的问题可以激发辅导员的灵感，通过一名学生的问题，发现工作中存在的不足，解决他们的困难，帮助学生搭建多样的创新创业

实践平台，提升学生创新创业实践能力，整合校内外资源，通过以赛促教、以赛促学、以赛促创，将学生的学习空间、竞赛空间、创业空间进行融汇，让学生们在实践中锻炼，在锻炼中成长。

专家点评

点评专家：郭一，浙江旅游职业学院旅行服务与管理学院党总支副书记。

以创业带动就业，以创新促进发展。创客班和以赛促创等举措将立德树人理念融入双创教育中，实现育人与发展的统一，为当代大学生绽放自我、展现风采提供了平台，也为跑出中国创新加速度汇聚了更多年轻化、多元化的双创力量。

作者简介

颜育众，男，浙江旅游职业学院旅行服务与管理学院辅导员。

升学就业取舍　做好生涯规划

陈杭琪

一、案例背景与概述

大三学生小 A，面临专升本升学和就业压力，无从选择。身边的好朋友有的报补习班专心备考专升本考试，也有签约了意向就业单位。小 A 非常迷茫，虽然本身想提升学历，但感觉自己在校专业课学习成绩一般，学习能力一般，自律程度一般。另外，专升本考试要学习数学，上了几节网课，小 A 觉得有点吃力，想放弃。家人很支持他继续升学。面对直接就业，学生暂时也没有意向的工作单位，逃避做出抉择。不知接下来是静下心准备专升本考试还是直接就业。

二、案例分析与应对

（一）案例定性分析

此案例反映的是毕业生由于职业生涯缺乏合理规划而产生迷茫的问题。

（二）问题关键点

（1）如何帮助学生小 A 调整心态，疏导迷茫的情绪，正视当前的问题。

（2）如何引导小 A 树立正确的发展方向，进行毕业生职业生涯辅导，引导其主动探索正确的努力方向。

（三）解决思路和实施办法

1. 主动约谈，认真倾听，确立信任

专升本和就业是大学生个人生涯规划的重要选择，学生咨询老师是信任老师的表现，作为辅导员要格外重视。在与小 A 的谈话过程中，辅导员认真倾听小 A 本人对未来迷茫的个人陈述和自我归因，其间可通过点头示意和回应“理解”“我知道”这类话语等传递老师对他陈述的尊重，并表示出对他当前境遇的关心和重视，尽力缓解他不知如何规划未来的无措心理情绪，确立基本的信任关系。

2. 真诚对话，适当安抚，引导认识

专升本和就业指向不同的个人生涯发展方向，应该根据个人的情况具体分析，作为辅导员不能越俎代庖，替学生做决定，应是循循善诱，让学生自我判断和选择。谈话过程中，采取“举例说明”的方式，语句要简练温馨，向小A分享直系学长学姐的故事，表明一部分人经历过和他类似困惑和迷茫的时期，让小A放平心态，正视当前的困境，直面问题，不要有逃避心理，引导小A正确看待专升本与直接就业之间的关系。

3. 制定规划，树立目标，增强自信

向其解读我院统计的往年毕业生协议就业、升学报考率、升学上线率等就业数据，使其对本专业的就业形势和就业环境有较为清晰的认识，全面了解就业环境和专升本的发展前景。同时，通过职业兴趣测验和性格测验，帮助学生发现优缺点，运用“职业生涯规划指导师培训（TTT）”中学到的专业知识，帮助其分析测试结果，加强自我评估，根据个人特点和职业生涯规划确定选择方向。

4. 耐心疏导，积极调适，保持积极

无论是就业还是专升本，都应该强调学习和实践的重要性，专升本不代表死读书，就业也不代表放弃学习，无论作何选择，都应该加强专业知识的学习、提升动手实践能力，使自己成为一个全面发展的技能型人才。引导小A调适心态、建立自信、重塑自我，形成健康、积极、上进的职业生涯发展观。

三、案例反思与启示

（一）注重学生职业生涯规划及就业指导工作，帮助学生结合自身树立正确职业生涯发展观

辅导员应在详细了解产生问题的原因后，具体问题具体分析，结合不同学生的实际情况，提供精准帮扶，帮助学生进行自身定位，认清就业环境，树立正确的就业观，拓宽就业形式与渠道，有效提高学生的就业率和就业质量。

（二）要用爱心、耐心和诚心与学生相处

辅导员应走到学生群体中去，及时出现在学生身边，走进学生内心，努

力成为学生的知心朋友。要尊重学生、平等对话，并给予他们帮助和更多的指导。

（三）要不断地提升并加强自身专业能力、提升综合素质

辅导员应加强对新事物的认知，适应新形势、探索新方法，不断提高解决新问题的能力。

专家点评

点评专家：徐峥，浙江旅游职业学院思想政治教育专业副教授。

在面对人生的关键“抉择期”，选择就业还是升学，确实困扰了一部分同学。“突如其来”的选择权，让这部分同学出现了迷茫和手足无措的情绪。这样的案例，有一定的代表性。首先，在处理过程中，辅导员通过良好的沟通能力和技巧与学生建立起有效的信任关系，疏导学生情绪，引导学生直面问题，从而发掘其内心的想法和动力，激活内在潜能，帮助他们成长成才。其次，辅导员在指导学生“升学还是就业”这个问题时，不仅需要解决当前的问题，从长远来看，还要指导学生进行职业生涯规划，帮助学生尽早确定职业目标，避免从众性和被动性。最后，辅导员要了解学生的专业发展基本规律，提升指导水平，更好地助力学生成长。

作者简介

陈杭琪，女，浙江旅游职业学院厨艺学院辅导员。

思想上重新入党　学业上迎头赶超

郑王霞

一、案例背景与概述

小华同学是一名学生干部，在大一时，学习认真刻苦，各门功课优秀，班级各项工作都积极主动，广受老师和同学的好评。但从大二下学期发展成为预备党员开始，小华对自我的要求就松懈了，他认为入党是为了给找工作镀金，变得不再关心班级工作，组织生活也常常迟到、早退、请假，还因为在校外兼职旷课，进而导致期末学习成绩和班级综合测评由前几名落到中下游。

二、案例分析与应对

（一）案例定性分析

此案例反映的是小华作为预备党员入党动机不端正；作为一名学生干部和预备党员，没有发挥示范带头作用；作为一名学生也没有把握好自己的主业，没有处理好个人学习与校外兼职之间的关系。

（二）问题关键点

（1）如何帮助小华端正入党动机，让他对学生党员和学生干部的身份有正确的认识，发挥示范带头作用。

（2）如何引导小华树立正确的学业发展方向，科学规划大学生活，处理好学习与校外兼职之间的关系。

（三）解决思路和实施办法

1. 主动约谈，认真倾听

发现小华同学学业成绩急剧下降的情况后，辅导员主动询问关心其学业发展情况，认真倾听他本人对学业滑坡的个人陈述和自我归因，尽力缓解小华因校外兼职致使学习成绩下滑而担心被责骂的心理，让小华感到老师的诚心和对自己学业的关怀，确立基本的信任关系。

2. 敏锐观察，引导认识

在耐心倾听过程中，要通过他陈述时语气、表情和神态所发生的变化，及时进行适当的正面安抚和必要的批评教育，并对问题成因进行分析提炼和梳理辨别，引导小华正确看待党员和学生干部的身份，明确他作为一名学生干部及预备党员应肩负的责任，希望他能够保持之前的学习和工作态度，乐于助人，服务师生，端正入党动机。同时，处理好学习和校外兼职的关系。

3. 制订规划，增强自信

鼓励小华向已毕业优秀校友学习、看齐。邀请小华参加大学生职业生涯规划大赛等赛事活动和校园文化活动，并针对性地给予指导。和班主任、专业老师一起，帮助小华抓好主责主业，正确处理学习与校外兼职的关系，让其回到原来的发展轨道上，真正发挥学生干部及预备党员在班级及学生群体中的模范带头作用。

三、案例反思与启示

（一）学生思想政治教育宜梳不宜堵

对于学习成绩下滑的学生，如果一开始就给予他惩罚或批评，不仅不能使他改变现状，反而会引起学生的反感、对抗。应该在详细了解产生问题的原因后，根据具体情况制订解决方案。但是，对于相关的错误认识和违纪行为要实事求是地批评教育。

（二）党员继续教育宜严不宜宽

给予他们帮助和更多的参与机会，让他们切实感受到你是在帮他，促使他们内心转化，从思想上认识到自己的错误。同时，端正学生党员的入党动机，加强对学生干部和预备党员的培养和教育，规范组织生活，督促其在思想上重新入党，避免“入党前拼命干，入党后松一半”的情况发生。

专家点评

点评专家：王倩，杭州师范大学外国语学院党总支副书记。

本案例中学生党员存在的问题在现实工作中十分常见，有些学生在发展党员之前会积极主动表现自己为师生服务，一旦目的达成，对自己的要求便松懈下来，这反映出学生的入党动机存在问题，在发展党员的过程中要加强对学生党员的过程性指导和评价，提醒他们认真学习党章党规，时刻严格要求自己。本案例中组织员老师通过主动约谈、认真倾听；敏锐观察、引导认识；制定规划、增强自信，不断加强对学生干部和预备党员的培养和教育，避免“入党前拼命干，入党后松一半”情况的发生。

作者简介

郑王霞，女，浙江旅游职业学院旅游外语学院辅导员、组织员。

“党建+学生公寓”模式创新的探索与实践

洪正流

一、案例的背景与概述

大学生党建工作旨在培养合格的共产主义接班人，与高校思想政治工作相辅相成，是引导青年学生成长成才的有力措施，更是深化“三全育人”综合改革的坚实基础。学生公寓作为大学生学习、生活、人际交往的重要场所，由学生公寓组成的社区已逐渐成为高校学生党建工作的重要阵地。近年来，千岛湖校区党总支围绕学院“专业化、国际化、本土化、精品化”办学理念，立足学院内涵发展，培育和建设了以“信念铸美”“专业育美”“服务增美”“规范固美”“形象彰美”为内涵，以全体党员引领全体师生共同参与的“五美先锋，心心向党”党建文化品牌。

二、案例分析与应对

（一）案例关键点分析

我院在学生公寓管理方面存在以下问题：一是公寓党建工作队伍力量偏薄弱；二是公寓社区党建缺乏有效载体，活动形式单一；三是公寓文化建设缺乏创新。

（二）解决思路和实施办法

我院整合校内育人资源，实施“十进”学生社区措施，打造“十大育人”生态链，实现“三全育人”目标。

（1）实施“党总支”进学生社区，打造“管理育人”生态链。成立由党总支书记为核心的项目推进领导小组，统筹推进“党建+学生公寓”三全育人工程。

（2）实施“学工办”进学生社区，打造“服务育人”生态链。学工办定期组织辅导员、班主任和全体教职工参与学生社区志愿服务活动。

（3）实施“党支部”进学生社区，打造“组织育人”生态链。成立学生社区党支部，具体实施“党建＋学生公寓”项目。

（4）实施“专任教师”进学生社区，打造“科研育人”生态链。组织专业教师进学生社区开展专升本辅导、学科竞赛、课程思政、职业规划、就业指导等活动，鼓励教师结合学生社区申报各类课题，开展科学研究。

（5）实施“红色文化”进学生社区，打造“文化育人”生态链。积极推动习近平总书记重要讲话精神、党的创新理论、廉洁文化、红色文化进学生社区。

（6）实施“123 工作法”进学生社区，打造“实践育人”生态链。学生社区党支部创新实施“123 党建工作法”。一是搭建一个平台，构建社会服务平台。二是联通两大板块，将专业发展与基层党组织建设两大板块紧密连接在一起。三是建好三支队伍，即学生党员、校园金钥匙和学生志愿者队伍。

（7）实施“阳光工程”进学生社区，打造“资助育人”生态链。以学校“七彩阳光资助体系”建设为核心，开展“励志暖心”计划系列活动。即开展一系列励志宣讲会、资助对象暖心团辅和一对一朋辈暖心帮扶。

（8）实施“网络表彰”进学生社区，打造“网络育人”生态链。利用校园官微等平台重点宣传一批优秀学生事迹，借此在公寓区学生中推广“一人树一面旗帜，一人做一件好事，一人带动一间宿舍”。

（9）实施“劳动课程”进学生社区，打造“课程育人”生态链。学院对公寓内务卫生工作提出高标准、严要求，赋予学生一定的学分，与毕业证挂钩，充分激发学生的劳动热情。

（10）实施“心理预警”进学生社区，打造“心理育人”生态链。发挥辅导员、保卫干事、心理委员和寝室长等朋辈团体的作用，设立“聊聊吧”1 处，辅导员值班室 2 处，构建心理预警网络。

三、案例反思与启示

经过一年多来的建设和实践，我院在“党建＋学生公寓”建设方面取得了一些启示。一是组织建设贴近学生；二是组织生活围绕学生；三是组织活动服务学生，依托专业学科竞赛，坚持党建与专业提升同向发力，打造特色品牌活动，推动党性教育入脑入心。

专家点评

点评专家：王庆华，浙江旅游职业学院千岛湖校区党总支书记。

千岛湖校区创新开展“党建+学生公寓”工作，形成了“‘十进’学生公寓，构建‘三全育人’生态链”的工作模式，开辟了学生党建工作新路径，利用学生公寓打通学生党建和思政工作的“最后一公里”。

作者简介

洪正流，男，浙江旅游职业学院千岛湖国际酒店管理学院辅导员、组织员。

后　记

阳光系列丛书是集体智慧的结晶。浙江旅游职业学院党委书记韦国潭高度重视、大力推动，党委副书记周国忠多次指导编委会成员研究全书框架结构、内容排布，学工部部长徐初娜、副部长金蓓蕾具体负责协调、统稿工作。在此，对给本书提供了亲切指导的韦国潭书记、周国忠副书记和所有参与丛书编写的工作人员致以衷心的感谢和诚挚的敬意。由于时间仓促，不足之处在所难免，欢迎广大读者批评指正。

项目策划：段向民
责任编辑：赵 芳
责任印制：钱 宬
封面设计：武爱听

图书在版编目（CIP）数据

阳光满园 : 优秀辅导员工作案例选编 / 徐初娜, 金蓓蕾, 徐敏主编. -- 北京 : 中国旅游出版社, 2023.11
（浙江旅游职业学院“三全育人”综合改革成果系列丛书）
ISBN 978-7-5032-7235-6

Ⅰ. ①阳… Ⅱ. ①徐… ②金… ③徐… Ⅲ. ①高等学校－辅导员－工作－案例－浙江 Ⅳ. ①G645.1

中国国家版本馆CIP数据核字(2023)第225929号

书　　名：阳光满园：优秀辅导员工作案例选编

主　　编：徐初娜　金蓓蕾　徐　敏
出版发行：中国旅游出版社
（北京静安东里 6 号　邮编：100028）
http://www.cttp.net.cn　E-mail:cttp@mct.gov.cn
营销中心电话：010-57377103，010-57377106
读者服务部电话：010-57377107
排　　版：北京旅教文化传播有限公司
经　　销：全国各地新华书店
印　　刷：北京明恒达印务有限公司
版　　次：2023 年 11 月第 1 版　2023 年 11 月第 1 次印刷
开　　本：720 毫米 ×970 毫米　1/16
印　　张：13.25
字　　数：187 千
定　　价：49.80 元
I S B N　978-7-5032-7235-6

版权所有　翻印必究
如发现质量问题，请直接与营销中心联系调换